宇野弘之　著

マハーヤーナスクール講義録

釈尊に聞く　仏教の真髄

山喜房佛書林

目　次

釈尊に聞く　仏教の真髄

はじめに

仏教の開祖ブッダ、釈尊は永遠普遍の真理を悟り、人々を教え導いて欠けるところのない人、みずから目ざめ他をも目ざめさせる者であり、梵天勧請による菩提樹下における釈尊の悟り初転法輪《しょてんぼうりん》、その説法はインドのみならずセイロン、タイ、ビルマいわゆる東南アジア諸国に伝播した。

釈尊を崇敬する仏教徒は今日も世界中に多く存在している。人類の教師、世界最初のヒューマニストとしてユニバーサリズム（万民救済説）の教えを説き「今現在説法」今日も教法を説き明かす。

南伝仏教（テーラヴァーダ仏教、上座部）、インド、中国、日本とシルクロードを経て伝播した「北伝仏教」のわが国は、大乗仏教国として在家者中心、利他行中心の諸人救済道の仏教が展開される。しかしながら現代人の私たちは、先祖の培った仏教文化を、ややもすると蔑ろにし無いも同然に軽んじ、悠久の歴史が忘れられているかの様相にある。

決して豊かでない東南アジア諸国が大切なものを忘れず信仰心をもって大切に守り続けている状況に対し、経済大国のわが国は繁栄成熟社会の光と影、経済を柱として何か大切なものを忘れかけている現代社会に映る。

人間が経済動物化し、思いやりの気持ちや慈しみ、慈悲心を忘れ、物質偏重化、生命への畏敬も失われつつある現代社会を危惧する。

本来の願い、本弘誓願《ほんぐせいがん》を極み尽くし、大乗仏教の最高の信仰、思想を探究して現代社会のゆがみを是正する「明信仏智《みょうしんぶっち》」、深く仏の救いをたのむ崇敬心を明らかにしてその仏智の不思議を信じ、更に自己の往生を疑わぬ仏教を明らかにすることを希望致したい。

釈尊の十大弟子の一人富楼那《ふるな》は説法第一、教えを説く辯弁豊かな勝れた人であった。世の人々に真理を諭し説法利生の徳を有した仏弟子であった。機根の熟・不熟、仏法を受け入れる能力の成熟未成熟があろうが、現象がまだ発動していない前の兆しの不熟の人も、機が熟し仏の教えに触れることによって真理にめざめることもあろう。

人には教えによって激発されて活動する働きがめいめいの人にそなわっている。触れることによって発動する精神的な能力素質は縁あってあらわれる可能性であろう。宗教経験の諸相である。初めて悟りを求める心をおこし、初めて思いたつ初発心の時が仏法入門の第一歩、最初の段階にあろうが、それが正覚につながる。仏教の真髄を学ぼうとする大切な姿勢である。はじめておこした悟りを求める心、求道心が菩提心をおこし仏道に入る機縁となる。浄土願生の願い、発願心《ほっかんしん》である。

誓いどおり願いが叶う。行うことによって念願が成就する願成就の心である。

よき師にめぐりあう啐啄同時《そったくどうじ》が最良であろうが、ひなは親鳥が卵につける傷をたよりに殻を割り生まれ出るという。仏教書をひもとき、心の依りどころ、求める求道心が大切である。

人々に理解できるよう仏教の心をやさしく語ることが求められている。

宗教体験により大切なことにめざめるわれらである。

深遠な仏教思想その入門編として『釈尊に聞く 仏教の真髄』を世に贈るが、本著が多くの人に読まれ心の糧となれば何よりもの喜びである。

本著出版をお引き受け下さった、山喜房佛書林、浅地康平社主に感謝の意を申し上げる。

平成二十九年一月筆者識す

第一章　ブッダの金言

第一節　如是我聞《にょぜがもん》　私はこのようにお聞きしました

この世に生まれてよかった。日本人の多くが養育の御恩のある父母に感謝できているといいなと思うこの頃である。

古稀の老境にあって、釈尊崇敬追慕の念にもかられる。鎌倉時代、親鸞は「たまたま行信を獲ば、遠く宿縁を慶べ」（『教行信証』）と信仰心獲得を喜んだが、仏教文化の伝統のある仏教の国、それも釈尊の転法輪のお蔭である。

今年の三月彼岸、十年ぶりにスリランカを訪ねた。ブッダ（Buddha）の説いた教えを信奉する人々の上座部《じょうざぶ》（Theravāda：巴）仏教の国である。ブッダの十大弟子の名を受け継いだ生き仏の僧侶たちが僧伽《さんが》を形成し、今もブッダの言葉を信知し熱心に説法し続けている。

ブッダは「目覚めた者」「眠りから覚めた者」を意味する。我ら凡夫は無明《むみょう》（無知）の迷いの夢の中に眠っており、それが真理に触れてはっと目覚める。それがブッダである。

The awakened（英）、Erwachte（独）などと訳され、Enlightened one（光を浴びた者）と英訳することもある。漢訳仏典ではこれを覚者《かくしゃ》と訳し、知者、真理を知る人、正しい悟りを開いた人「正覚者《しょうかくしゃ》」と呼ぶ。

「暗夜に灯火をかかげるようにゴータマさまは種々のしかたで法を明らかにされました。ですからわたくしは、ゴータマさまに帰依したてまつります。また、真理と修行僧のつどいに帰依したてまつります。わたくしを在俗信者として受けいれて下さい。今日以降命の続く限り帰依いたします」（「Suttanipāta（スッタニパータ）一四二詩」）

Buddhaṃ saraṇaṃ gacchāmi（私は仏に帰依いたします）

Dhammaṃ saraṇaṃ gacchāmi（私は法に帰依いたします）

Saṅghaṃ saraṇaṃ gacchāmi（私は僧に帰依いたします）

このいわゆる三帰依文《さんきえもん》は、三宝（仏・法・僧）に帰依することを意味する。ブッダと法、遵守すべき永遠の理法（道）・僧、僧伽《さんが》（集まり）の三宝を尊ぶ。三宝を信じ、敬う（Buddhesu Sagāravata）。ブッダの僧伽（sangha）に入門する時、ブッダの足元にひれ伏し五体投地しこの詩を唱えながら三宝への帰依を表す。今日も仏教徒となる第一条件、重要な姿勢として、三帰依文は日本仏教でも大切にされ信奉されている。

真理を悟ったブッダ

ブッダは当時の多くのものを学びつつ、自らの思索をどこまでも深めて真理を獲得した。現にここにある生の現実を凝視して、それと表裏一体をなす悟りの真実であった。

ブッダは定住すること無き遊行の旅をし、その生涯を通して多くの苦しみ悩む人々に接した。経典には、まず人々の問いがあり、それに対しブッダ（稀に仏弟子）が答えている。質問者の問いのありようもまた多種多様であったが、ブッダがそれぞれの現実に立ち、問いに妥当する答えに導く説法は「対機説法《たいきせっぽう》」と呼ばれ、教えを相手の性質や能力に応じて理解のいくように聞かせた。このブッダの世の人の心の病気に応じて教えを説く姿は、医王の救済にも喩えられ、「応病与薬《おうびょうよやく》」とも言われた。

入寂までの四十五年にわたる伝法の旅のうち、晩年の二十五年間は従兄弟のアーナンダ（阿難）を伴い、樹下や精舎で夜を過ごし、信徒から一日一回、朝食のみ施しを受け、貯えも持たず、あらゆる欲望から遠ざかった清らかな歩みを続けた。

ブッダは八十歳でクシナガラ郊外の沙羅双樹のもとに静かで安らかな入滅、涅槃を迎える。その肉体は消滅しても教えは法（ダンマ、ダルマ）としてますます尊く、仏弟子たちは忠実にその法を守り、ブッダのなしたそのままに遊行して新たに問う人々に法を伝えた。改めて法を自覚し相互に確認しあう仏弟子の集まりは、自然発生的に一つの結合体になり、やがて教団、僧伽として確立し、戒が法と共に教団の軸となった。ブッダの体は付近の村人、篤信な信徒たちによって荼毘に付され、仏舎利《ぶっしゃり》（遺骨）は有力な信徒たちにより手厚く葬られた。

スリランカ・キャンディの仏歯寺にはブッダの歯が安置され、参詣者が今も絶えない。弟子たちにも信徒たちにもブッダはそのまま生き続けている。「今現在説法」今も対機説法は行われている。

ブッダ入滅後の間もない時期、教えの歪曲や逸脱を防止しようと結集が行われた。第一結集である。

経蔵と律蔵が成立し、やがてそれらの注釈を兼ね自らの主張をも盛り込んだ文献論アビダルマが作られ論蔵となり、経・律・論の三蔵《さんぞう》が成立する。

十大弟子

十大弟子とは、ブッダ（ブッダ）の弟子たちの中で主要な十人の弟子のことである。比丘、比丘尼が出家してからの年数（法歳）によって先輩、後輩の序をもって教団秩序の根幹とした。名もなき弟子もいたが、経典によって誰が十大弟子に入るかは異なるが『維摩経』では「出家順」に以下の通りとしている。

一、舎利弗《しゃりほつ》

パーリ語でサーリプッタ（Sāriputta）。サンスクリット語でシャーリプトラ（Śāriputra）。舎利子とも書く。智慧《ちえ》第一の釈尊第一の仏弟子である。仏教を各地に伝えるために貢献した。弟子中、その頭脳において抜群に誉れ高かった。『般若心経』では仏の説法の相手として登場している。弟子中の第一人者であり代表的な存在であった。

二、摩訶目犍連《まかもっけんれん》

パーリ語でマハーモッガラーナ（Mahāmoggallāna）。サンスクリット語でマハーマゥドガリヤーヤナ（Mahāmaudgalyāyana）。一般に目連（もくれん）と略称される。神通《じんずう》第一の仏弟子である。

舎利弗とともに懐疑論者サンジャヤ・ベーラッティプッタの弟子であったが、ともに仏弟子となった。中国仏教では目連が餓鬼道に落ちた母を救うために行った供養が『盂蘭盆会《うらぼんえ》』の起源だと言われている。

三、摩訶迦葉《まかかしょう》

パーリ語でマハーカッサパ（Mahākassapa）、サンスクリット語でマハーカーシャパ（Mahākāśyapa）。大迦葉とも呼ばれる、頭陀《ずだ》第一。即ち煩悩の垢を払い落とし衣食住に貪りをもたぬ、ひたすら仏道を修業する頭陀行者であった。

ブッダの死後、その教団を統率し、第一結集では五〇〇人の仲間とともにブッダの教法を編集する座長を務めた。禅宗は付法蔵（教えの奥義を直伝すること）の第二祖とする。

四、須菩提《しゅぼだい》

パーリ語でもサンスクリット語でもスブーティ（Subhūti）。解空《げくう》第一の仏弟子として空を説く大乗経典にしばしば登場する。

『西遊記』では、孫悟空の師匠として登場する。

五、富楼那弥多羅尼子《ふるなみたらにし》

パーリ語でプンナ・マンターニープッタ（Puṇṇa Mantāṇīputta）、サンスクリット語でプールナ・マイトラーヤニープトラ（Pūrṇa Maitrāyaṇīputra）。略称「富楼那」は説法第一の弟子であり、他の弟子より説法に優れていた。

六、摩訶迦旃延《まかかせんねん》

パーリ語でマハーカッチャーナ（Mahākaccāyana）、サンスクリット語でマハーカートゥヤーヤナ（Mahākātyāyana）。経論の要義を問答議論する論議第一の仏弟子。

辺地では五人の師しかいなくても授戒する許可をブッダから得た。

七、阿那律《あなりつ》

パーリ語でアヌルッダ（Anuruddha）、サンスクリット語でアニルッダ（Aniruddha）。神通力によって普通見えないものでも見る能力、智慧の働きをもつ天眼《てんげん》第一の仏弟子。

ブッダの従弟、阿難とともに出家した。仏の前で居眠りして叱責をうけ、眠らぬ誓いをたて、視力を失ったがそのためかえって真理を見る眼をえた。

八、優波離《うぱり》

パーリ語でもサンスクリット語でもウパーリ（Upāli）。持律第一。

最下層とされる階級の出身。戒律に精通していた。もと理髪師で、階級制度を否定するブッダの許可を得て出家した。出家した順序にしたがって、貴族出身の比丘の兄弟子とされた。

九、羅睺羅《らごら》

パーリ語でもサンスクリット語でもラーフラ（Rāhula）。羅云とも書かれる。戒を微細にたもつ密行《みつぎょう》第一。忍辱《にんにく》・授戒の実践者となった。

ブッダの長男。戒律を守ることに優れていた。ブッダの帰郷に際し出家して最初の沙弥（少年僧）となる。そこから、日本では寺院の子弟のことを仏教用語で羅子《らご》と言う。

十、阿難陀《あなんだ》

パーリ語でもサンスクリット語でもアーナンダ（Ānanda）。阿難とも書く。多聞《たもん》第一。

ブッダの従弟。nandaは歓喜（かんぎ）という意味がある。出家して以来、ブッダが涅槃に入るまで二十五年間、ブッダに随行し、その説法をとりわけ多く聞いた。第一結集のときアーナンダの記憶に基づいて経が編纂された。百二十歳まで生きたという。

女性の出家

はじめ女性の出家を許さなかったが、条件付きで認められた。

マハーパジャーパティ

ブッダの継母、女性初の出家信者となる

ヤショダラ

出家前のブッダの妻であった女性である

インドで起こった仏教は、ブッダ入滅後およそ一〇〇年を経た時代にインド全体を統一したマウリヤ王朝の第三代アショーカ王（紀元前二六八～二三二在位）の帰依を受けて一大躍進を遂げる。スリランカへの初伝はそのアショーカ王の時代であり、スリランカの史書にも明白に語られている。紀元前三世紀半ばにスリランカに伝えられた。シルクロードを経て中国に渡り、四～五世紀には朝鮮半島に、そして六世紀前半には日本に伝播した。

日本と同じ頃、インドから直接チベットに入り、一二世紀以降にはスリランカからベンガル湾を北上してビルマ、タイ、カンボジア、ラオスその他にも伝わった。各地において今日も信奉され諸民族の繁栄、生活の基盤を堅持している。

第一項　初転法輪

ブッダの最初の説法を「初転法輪《しょてんぽうりん》」という。ブッダによって説法せられたという事実、転法輪が重要な意味をもっている。

というのは、もしブッダが説法せず悟りの内容を語らなかったならば、仏教はブッダ一人の個人的体験として終わってしまい、今日の仏教の姿をとどめることはなかったからである。

ブッダは成道後数週間、他の人に悟りの内容を説こうとはせず、自受法楽《じじゅほうらく》、ただひたすらおのれが悟った境地を自ら楽しむことの中に浸っていた。自らの悟りの自内証、真実の法則が甚深微妙《じんじんみみょう》で他の人に理解できるであろうか内的決意、葛藤があった。その後梵天（アートマン）の勧請を受けて説法を決心したという。

梵天が瞑想中のブッダのところに降りてきてブッダにぜひ説法するようにと懇願しその勧請による説法、転法輪がなかったならば、一独覚にすぎず自覚覚他覚行窮満《じかくかくたかくぎょうぐうまん》の仏にならず私共も仏教に遇う機会もまた永遠に失われたであろうことを思うと重要と言わざるを得ぬのである。

「いまわたしが悟りえた法は、はなはだ深く、見難く悟りがたく賢者のみの知るべきものである。しかるに人々は、アーラヤ欲望を楽しみ、アーラヤに躍る。かかる人々には、この理は見難い。もしわたしがこの法を説いても人々がわたしの言うところを了解しなかったならば、わたしはただ疲労し、困憊するのみであろう」

ブッダの沈黙に傾いた心をひるがえし、やがて説法伝道を決意するにいたる。梵天がブッダを拝して説法を懇情したからである。法を聞くことができれば悟りうるであろう。最初にブッダの教えを受けたのは五比丘であった。ブッダは四諦説《したいせつ》を語られたという。後にブッダの言葉を結集編纂したパーリ語の原点はニカーヤ（kikāya）といわれ、漢訳では総称して「阿含経《あごんきょう》」と言っている。

ブッダの説法「対機説法」は、その教えの説き方が極めて現実的で生活に即した仏教が語られたという。超経験的なことや形而上学《けいじじょうがく》を論ずることは無記《むき》、問題として論じてはならぬ戯論《けろん》であると禁じ排斥された。

パーリ中部第六三経小摩羅迦経、漢訳中阿含経第二二一経の『箭喩経《やゆきょう》』にはよく知られる毒矢の例えが語られ残っている。

毒矢に射られた者が傷口の手当てをすることをやめ、弓や矢、弓を射った者についての調査ばかりしていればその間に毒が体中にまわり死んでしまうであろう。現実そのものの人間を問題とし、現実の人間を基盤として現実的・即時的・実証的であった。現実に立脚し、教えは具体的であった。

初転法輪でブッダは五人の比丘に苦行の無益であることを語った。欲に流される生活、無自覚・無反省の本能的生活も人間として正しい道ではないと快楽主義を否定し、実践上の中道《ちゅうどう》、行の中道を諭した。中道の宣言、八正道《はっしょうどう》の提示を行ったのである。四聖諦は中道の宣言に従属するもの、八正道が苦滅の悟りを実現するための四聖諦であった。

四聖諦《ししょうだい》の諦は、真理を意味する尊んで聖（ārya の訳）字を冠する。
一、苦聖諦《くしょうだい》…迷いの生にあってはすべては苦しみであるという真理
二、苦集聖諦《くじゅうしょうたい》…その苦しみを集め起こすところの原因は無明（無知）と渇愛（我欲）であるという真理

三、苦滅聖諦《くめつしょうたい》…その苦しみを滅した境地こそが悟りの世界であるという真理

四、苦滅道聖諦《くめつどうしょうたい》…その悟りに至るためには八正道に従って正しい生活をしなくてはならぬ、八正道が悟りへの道であるという真理

四聖諦の教法は、自らの証悟の内容たる縁起《えんぎ》が甚深難解とし、それを説くことを躊躇したブッダが梵天の勧請（仏の本願）によってベナレス郊外の鹿野苑《ろくやおん》で初めて法輪を転じた時の内容であった。

人間の現存在は相依関係にはあるものの、愛憎違順して苦悩している事実（苦諦《くたい》）、その苦悩は実体的に固執する無明によって心の動くことにより種々の因縁が集まり起こっているもの（集諦《じったい》）にほかならぬ。その如実の相が実の如く眺められ実体視するより起こる分別戯論が止滅するならば、そこには苦悩の滅尽がある（滅諦《めったい》）。その分別戯論の止滅である空性を習得する道を勤修すべきである（道諦《どうたい》）。

ブッダは迷悟染浄の宗教的実践の道理を説述された。

ゴータマ・ブッダは歴史上の人物であり、時間と空間との無限を貫く唯一の真理法を悟った。ブッダがこれを作り出したというわけではなく、ただ発見したに過ぎない。古仙

の道を進んで古城を発見したようなものであると自らも語っている。

縁起《えんぎ》の発見

縁起とは、縁《よ》って起こっていること、起こっている状態を言う。あらゆるものは種々様々な条件に縁って仮にそのようなものとして成り立っている。そのような立場に立ってあらゆるものを眺めることを縁起観《えんぎかん》というが、観は真理を観察する見方であろう。

縁起は一切法の在り方を説き、十二縁起説《えんぎせつ》は有情（人間）の生存の在り方を問題とした。原始経典ニカーヤではこれを縁とすること（idappaccayatā）といい、何ものかを縁とすること、相依性《そうえしょう》と訳されている。

ブッダが出家して道を求められた内的動機は苦よりの解脱にあった。人間が人として生活してゆく上において、どうしても逃れることのできない色々な苦悩を超える道を発見するためにブッダは出家したのであり、菩提樹下において静観せられたのも、この苦悩を脱却する道を身証することにあった。

ブッダは人間苦、無常苦の如実の相をまず直視せられた。十二縁起説では「生《しょう》」「老《ろう》死《し》」によって代表される人間苦、無常苦の原因を内へ内へと追求していく推理的順序による十二縁起の順観がある。

内面を追及して最後に到達したものは何であったか。それは「わたくしの心」であった。それを十二縁起説では「識《しき》」の語を用いて示している。苦悩の原因を求め求めて、遂に人間の心の在り方如何の上にそれを見出したということが十二縁起説の結論であった。

苦悩の原因は各自の心の内容如何による。行《ぎょう》、無明《むみょう》を内容とする識にあっては、生・老死の苦があり、無明の滅と行の滅とを内容とするような識にあっては生・老死の苦はない。

無明とは智慧のないこと。智慧は仏教の真理を証らしめるものであるから、無明とは仏教の真理を自覚していない状態であり、これは凡夫の心識の内なる相である。

人間の生存は、凡夫にあっては無明（仏教真理の無自覚）を内なる相とし、渇愛《かつあい》（求めて飽くことなき我欲《がよく》）を外なる相とする。仏教の真理に対し心の眼が開けていないことが無明であり、それが外に向かって渇愛の形をもって現れる。その働きが凡夫の生活（行）であることを発見せられたのである。

ブッダ・ゴータマが、かの菩提樹下の端座思索の中で把握した存在の真相は「無常《むじょう》の世界観」「縁起《えんぎ》の法則性」「無我《むが》の人間論」であった。真如《しんにょ》、諸法実相《しょほうじっそう》等の仏教語は「存在のあるがままの姿の把握」を意味する。静かに人生の無常を瞑想し「諸行無常《しょぎょうむじょう》会者定《えしゃじょう》離《り》」「生者必滅《しょうじゃひつめつ》」生老病死の変移の人生、無常必滅の道理を直視、人生の事実を平明に観察理解し、知見に気づき、真理を会得した。

ブッダは眼を開いて法を見、その法にしたがい生きる智慧の宗教、智慧の原理を発見した。智者の道と愚者のゆき方があろうが、仏教は智慧の道として出発したと言える。眼を開き、智慧を起こし、それによって正道を歩きついに自由の境地に至る道の提唱である。

「眼ある者は見よ」

ブッダは人間を対象とし、より良き生き方を実現するため人間を観察し、人間の心身を構成するものは何か分かち観た。そしてありのままを悟った。

釈尊の弟子舎利弗《しゃりほつ》や目犍連《もっけんれん》、迦旃延《かせんねん》等はバラモンの青年であった。阿難《あなん》や阿那律《あなりつ》や羅睺《らご》羅《ら》はクシャトリア（武士）の出身であった。耶舎《やしゃ》や富楼那《ふるな》や須菩提《しゅぼだい》は長者、大商人の子らであり、当時の社会の恵まれた階層に属する人々、社会的地位にふさわしい教養を持った人々であった。卑賤な人々は極めて希であった。

なぜか。ブッダの宗教の骨格を理解することは智慧、才覚、教養を必要とした。一文不知の尼入道、文字も書けず読めない人たちには了解することが容易でないからであった。

大乗仏教の救済の心

誰にも仏教入門の頃がある。自然と大切なことに目覚める初発心の頃であり、先人の叡智に学ぶ求道心により充実した人生行路を歩み始める、心の目覚め、発芽の季節であろう。「たまたま行信を獲ば、遠く宿縁《しゅくえん》を慶《よろこ》べ」と親鸞聖人は浄土真宗開闢の書『教行信証』に語るが、私たちは仏縁によって大切な事に目覚める。仏縁なくば、酔生夢死《すいせいむし》、いたずらに一生を終えることにもなる。仏の引き合わせ、仏縁が無ければいたずらに一生を終えることにもなりかねない。偏《ひとえ》に仏のお導きのお陰であろう。

仏教は不必要であるという排仏派の如き心情で、自心の疑惑の見解に執着していた頃の無神論の若き日々の自身を内省してみると、排仏派の豪族・物部のように排仏心に強く心を惹かれ、それに深く執われて思い悩んでいた貧しい心の信仰心のない自分がそこには実在した。

崇仏派の蘇我が勝利し、聖徳太子が仏教を導入し和を尊ぶ仏教国として舵取りをし、法隆寺、四天王寺等の仏教寺院が建立されて日本仏教の夜明けが始まる。その歴史的夜明けは私たちが日本の歴史にてよく知るところであろう。

仏法を排斥する心無い仏教弾圧は中国でも行われた。北魏、北周、唐、後周で実施され、三武一宗の法難として知られる。

我が国の慶応四（一八六八）年三月の「神仏分離令」は、廃仏毀釈《はいぶつきしゃく》として知られる歴史的な悲劇である。これに伴い神社と仏寺との間に争いが起こり、更に寺院、仏具、経文等の破壊運動が起こった。国粋主義的な神道の高揚は、その後日清・日露・世界大戦への道を進め、悲惨な原爆投下により終戦を迎える。

信教の自由を憲法で保障する我が国の今日は、よく目を開き見てみると、一村一か寺と仏教寺院も多く、篤信の信者も少なからずいて崇仏心で仏教寺院を護持しているが、しかし、地方は過疎化が進み集落に人影が見られなくなる深刻な少子化の状況もあり、これから先が少々心配である。

それに加えて世の風潮は経済一辺倒であるように見える。唯物論傾向が強い。物、お金、経済合理性が優先する社会は、生命軽視、思いやりの心不在の社会や人々を育て簡単に人を殺す殺人事件も毎日のように報じられる。誠に嘆かわしい末世社会を思わせる。

我らは「エコノミックアニマル」ではないのだが、人命軽視、即ち家庭内暴力、虐待や殺人も実に多くみられ、心無きゆがんだ現代社会を目にすることになる。それは仏教は必要でないとするが如き排仏派の人たちがゆがんだ現代社会を育て、形成し、精神文化を否定する風潮も原因と思えもする。

知識偏重の豊かな心を育てぬ教育も現代社会の危機を招いていると思える。

古き良き時代に生きた心ある高齢者たちも天寿を全うする人が多い世の中である。そのような時、お育てのご恩を大切にして祖父母の弔いを心を込めてする人も多々いるかと思えば、人間の尊厳どころか、祖父母を粗末に扱う人もいる。経済力はあるのだが菩提心が見られない。なぜか菩提を弔わないショッキングな人々も多く見られる二一世紀末世社会である。

涅槃に入れば肉体は荼毘に付され仏骨となる体失往生の身である。心身一如の人間存在は身体が無くなっても精神・心が残る。それにしても心もなく何も残るものはないとしたら寂しい限りである。精神・心が大切で、家風・遺訓の継承も大切であろう。

金銭を残してもあの世には持参できない。汗水流して得た金品でない棚からぼた餅のお金は水の泡と消えてしまう。経済優先社会にあっても、人として大切なものを忘れないようにと心から願うばかりである。

暦の上の年齢でなく物の考え方が発達の度合いによって決まる知能年齢、精神年齢があるらしい。人間には肉体（肉体としての人間）もあるが、知性的、理性的、能動的、目的意識的な心の働き、根気、気力、心、魂、精神がある。つまり精神としての人間がある。歴史的事実の背景に、歴史を動かす精神的な力があると感知し、文化形象を精神の歴史として考える見地もあろう。

人間の精神力を決定的要因と考える精神主義は、物事の根本的な意義、理念、世界の根本原理、精神を大切にする一つの立場であり、常々持っている意見であるから、イズム、主義とも言える。

心身一如である存在者人間は、肉体のみならず、心、精神の存在も重要である。心不在の人と人との間に生きる現代社会の生活は、大切なものが忘れられたアンバランスな歪んだ、狂った二一世紀社会とブッダの目には映るに違いない。

日本は大乗仏教の国である。心ある仏教徒も多く生活している。大乗仏教は、シルクロードから中国、朝鮮半島、日本、チベット、モンゴル等へ伝わったため北伝の仏教と呼ばれ、インドからスリランカ、南アジアに伝わった仏教は上座部仏教、南伝仏教といわれ伝統を重んじる声聞乗《しょうもんじょう》である。

修行を積んだ者だけが解脱に至るという声聞乗とは、ブッダの教えを聞いた仏弟子を意味し、「乗」は乗り物の意味で、解脱に至る乗り物、即ち釈尊の教えを聞いた者という意味である。我独り悟る独覚、羅漢果を得る人たちとされている。

大乗仏教の興起

伝統的な保守的な考え方に対して進歩的な思想が仏滅後約百年して保守的な長老組、上座部に反旗をひるがえして教団の独立を宣言した。僧伽が上座部・大衆部の二部に根本分裂をし、この大衆部の思想を受け継ぐものが後の大乗仏教の系譜であると言われている。指導的長老を中心として一派をなした伝統的保守派と進歩的な自由派の考え方の違いによる分裂である。

ブッダ時代における様な純粋性を失い、律や経に対する解釈、つまりアビダルマ（Abhidharma、論）の学問が発達し自然と僧院中心、出家中心の学問仏教と化し大衆性を失っていく。低俗な信仰、迷信も盛んになる。

これに対し伝来の仏教に固執する人々のゆき方に飽き足らず、スコラ的風潮の瀰漫《びまん》に対する反発があり、仏教を本来の姿に復帰せしめようとする運動が起こってきた。進歩的な大衆部の比丘たち及び在家の信者たちの間から起き、紀元前一世紀頃大乗仏教が興起した。悟り（菩提）を目指す者、菩薩、菩提（ブッダの悟りの智慧）、薩埵《さった》（生きているもの、意思を持つもの）という観念が広がった。

かつては「菩薩」は悟りを開くまでの釈尊に限定されていたが、大乗仏教では釈尊の菩提樹下の体験を目指す者は皆「菩薩」と称されるようになった。このような菩薩であることを自覚して修行に励む新しい仏教は「大乗《だいじょう》菩薩道《ぼさつどう》」といわれた。ブッダに成るという理想を掲げ、多くの人々を救済する活きたアクティビティ活動をすることがブッダへの道と考えた。

菩薩という理想的人間像は、自己形成の道に専念するゆき方でなく、むしろ多くの人々の救済、大衆の救済に専念しなければならない。

自分を顧みずに他者に奉仕する利他行の実践が菩薩の修行の核となった。慈悲の心で利益と安楽をもたらす利他行、他者に奉仕する利他行を強調した。自らを厳しく律し、全ての生きとし生けるものを救おうとする理想を実現するため誓願を建てた。ブッダの教えを学び、ブッダに仕え、ブッダを倣い、教えを体験的に理解し、人格を向上させ生きとし生けるものを救済するために尽力する志を基本とする誓いであった。

ボーディサッタ（bodhisatta）菩薩は、仏教の修行者としてこの道をゆく者、理想的人間を語り、上求菩提《じょうぐぼだい》（自利行）下化衆生《げけしゅじょう》（利他行）の二つの行を追及する者であるが、まず生きとし生けるものの救済に身を挺する利他行に重点を置き、個人の自覚から大衆の救済を主張する思想であったと言える。

業《ごう》（行為の作者とその行為）の思想が大乗菩薩道の展開の重要な基盤となった。第二の釈迦と言われたインドの龍樹《りゅうじゅ》は、『十住毘婆沙論《じゅうじゅうびばしゃろん》』易行品で「仏道にはこの世にあって聖者となるように努める自力修行成仏の法、つまり難行道、聖道門の教えと、他力往生成仏の法の易行道、即ち他力の教えによって浄土へ往生しようとする浄土門の教えと二種がある。難行道を陸路の歩行、易行道を水道の乗船に例えた。

ブッダの滅後、人の機根（素質、能力）は五百年ごとに低下している。最初の五百年には正法の時、慧を学び、第二の五百年には定を学び、第三の五百年は、多聞読誦を学んで各々堅固確実なることを得ていた。この千年を像法の時といい、第四の五百年には仏塔を建てたり修福懺悔することだけが堅固となり、第五の五百年は正法は隠れ、諍いのみ多くなる闘諍堅固の時代となる。

像法後一万年を末法の時というういわゆる正像末の三時の思想である。今はその第四の五百年に相当し、末法の時に属する。信仰者が自己の如何ともし難い「凡夫性」に目覚めた時、初めて凡夫の救いを目的とした仏願のあることが発見せられ、自己の素質、能力に対する省察が生まれた。

「おのが能を思量せよ」と語る浄土往生の教えは、今の時代に適合した最良の法であり、ブッダ世尊は、去ること遠く、聖道門の教えは深遠なるものではあるが、修行して悟る人は少ない。浄土へ往生する道こそ唯一の残された末法相応の易行の教法である。浄土往生の真実の道によらねばならぬと極楽往生の道が説かれた。

第二項　人類の教師ブッダ

現代社会は無宗教、無信仰の時代とよく言われる。経済合理性や科学万能主義が幅を利かせ信仰心の薄い人、心無い人、無宗教者が増加しつつあるように見える。仏教文化の日本の悠久の歴史と伝統を忘却しているかの如くである。

心の糧、依りどころをもたないが故に信念のない現代人は弱く、心病む人も多い。信仰心をもたないことを誇らしげに語る人もいる。冷や汗をかく。

宗教心のない者は決して立派な人間ではないのだが人間としての大切なことに目覚めていない人たちと言える。

人面獣心社会　恩知らず「狼に衣」

人面獣心《じんめんじゅうしん》は、顔は人間であるが心は獣に等しい人間を意味する。恩義を知らない。今日があるのは誰のお蔭であるか有難さを忘れ、祖父母・父母のお育ての御恩、師恩等の御恩も理解せず、恩を忘れた忘恩漢の状態で知恩報恩の思いがない。父母への感謝の念もなく お世話になった人々への有難うの一言もなく「恩知らず」の状態である。自分本位、身勝手で大切なことを忘れている二十一世紀現代社会の人々は、経済優先、お金もうけが目的の経済動物、エコノミックアニマルの印象を与えるであろう。「狼に衣」うわべは善人らしくよそおいながら内心は、凶悪無慈悲な狼藉の人間も珍しくない。

命の尊さ、思いやりの心を忘れ虫けらの如く命を奪う人命軽視社会

殺人事件も毎日のように報道される現代社会である。

自分の利益中心の人は、遠からず、衰微し、ジリ貧に陥るというのが自業自得の論理である。

人として知恩の心は大切であろう。ブッダの教え、仏教は、無業無功徳のニヒリズムを排撃し、作された行為を知る知恩kataññuを人倫の根本と考え、人間の心得を教えている。

正しい真理の尊重を説いて、仏教真理である法を高い位置に置いた。酔生夢死の人生を送る人たちは、自分の存在している意義を知らない。存在の意味や役割を知って向上発展

してゆく神聖性をもつ人もいる。夢も希望もない人生行路は空しい。高い理想をもち実現し発展してゆく人間生活が望まれる。

国の政治・経済・法律・教育等政策組織すべてを戦争の為に準備し軍備力による対外発展を重視し、戦争で国威を高めようと日本は誤れる軍国主義ミリタリズム国家の道を歩み、悲惨な戦争、原爆投下を経験した。戦争という過ちを反省し、平和国家として戦後、経済政策を最優先し、国家の繁栄を願った。七十年の歳月が経過し、日本は、豊かな経済大国としての不退位の地位を獲得し、成熟した現代社会を迎えている。

焼け野原から欧米に負けるな追いつけ追い越せ、汗水を流して国家発展を願った先達諸氏の祈りは、子供や孫の世代になって成熟し、今日の社会生活を迎えているであろう。

二〇二〇年二度目の東京オリンピック開催も決まり国際社会の中で日本の信頼は益々高まり、十年前に比べ日本の国際信用力はスリランカ、モンゴル、東南アジア諸国を旅して実感する。

グローバル社会の成果、実を収穫することができる今日の日本である。

善い果報を招く善の業因、根本となる仏供養の心、仏事法要を断ち、時として大乗の教えをそしる無宗教者icchantika一闡提《せんだい》、断善根の人も見られる現代社会の様相は、繁栄の影で何か大切なものを忘却した社会ともいえるだろう。

ブッダのユニヴァーサリズムuniversalism万民救済説

国際社会に光り輝く日本は今、信頼される科学技術国家としての国際貢献が、求められている。

人類の教師ブッダ　釈尊の精神を思い起こす

ブッダはアーリア文化のナショナリズムにユニヴァーサリズムuniversalismの基盤を与えた新時代の創始者であった。世界の人々の為の叡智、救済道を説いた。人間の理想を高く掲げつつ、ユニヴァーサリズムとして堅く持ち続けることに仏教の意義が横たわっている。

仏教は勃興期の新思想であった。新時代の大きな文化的転換、時代の要求していた新しい思想を掘り当て新しい標語をはっきり掲げている。釈尊によって仏教が始められたが、釈尊自身は新しい宗教を樹立しようという意識によって為されたのではなく、当時のバラモン教が既に形式化し固定化して時代の民心を指導教化する力を失っていた為、これを革新して、その時代に適した精神的指導原理を樹立しようと唱えたものであった。

釈尊によって説かれた仏教は、往古のバラモン教より更に一歩進んだものだった。バラモン教における「インド的階級的な欠点」を除いてこれを世界的「無階級的なもの」に発展せしめ、いかなる種姓や階級、いかなる智慧浅き機根の者にも適応したものであった。

バラモン教はインドのバラモン階級を中心として発達した民族宗教である。ヴェーダの宗教を継承しヒンズー教に展開発達して現在に至るものであるが、宗教体系というより、インドの伝統的民族生活の根幹をなす正統哲学思想とその解釈神学、祭式、儀軌宗教現家全般を包括していた。

インドにおける四姓カーストのうち最高の僧侶階級、古代の氏姓制度の最上位バラモンを主として、ヒンズー教聖典の学習、教授や、さまざまな祭祀を司ることを職としている者ヒンドゥー教徒Hinduismは、インド国民が信奉する民族宗教バラモン教を前身として各地の土着信仰をとり入れ、四世紀頃ヒンドゥー教として確立したものであった。

世界最初のヒューマニスト　ブッダ

四姓清浄の平等観

アーリアンはすべて好ましき母胎から生まれ、入門式によってヴェーダ学習の宗教生活に恵まれた文化人であるのに対し、アーリアン社会は、支配力を強く推進する為、他民族、被征服者、敵対者たる黒人を一方的に蔑視し、労働奉仕階級として、道具として使用する服従黒人を第四階級として認容するアーリアンの卓越した統一技術をもっていた。

悪魔と考えられたダーサdāsaダスユdasyuたる黒人はインドラの敵、不信者、天則を守らない者、醜猊の非人等と呼ばれた。黒人は宗教的特権が与えられない単なる自然人、賎民種族として劣悪の刻印が押されていた。

四姓の階級制度catur-varṇaとは「色」であるから、勝利族である白人種が土着民の黒人に対して人種的優越感をもっていた。四姓の決め手は皮膚の色であった。職業世襲と絡んで複雑化したインド的カースト制度を作りあげていた。

ブッダの教訓

問うな生れを。但だ行いを問え

人種と家系から割り出す選民的な階級差別観に対し、断固として反対した。四姓間の壁を打破して人種平等をブッダは唱えた。

社会的プロテストであった。人種問題と職階制について平等と秩序の理念を明確にした。

賤民caṇḍāla犬殺しの賤民も

「生まれによって賤民ではない。生まれによって婆羅門ではない。業によって賤民となり業によって婆羅門となる」（『賤民経』）

ブッダの教訓「問うな生まれをただ行いを問え」を正しく知ることが大切である。

仏教の真理は三法印《さんぼういん》といわれる。

一、諸行無常《しょぎょうむじょう》　世の中のいっさいは常に変化し生滅して永久不変なものはない

二、諸法無我《しょほうむが》　存在するあらゆる事物は因縁によって生じるものであって不変の実体である我は存在しない

三、涅槃寂静《ねはんじゃくじょう》　世の人々の迷いを目覚めさせ悟りの境地に至らせる

仏教は無我説を語る。原始仏教以来無常観によって基礎づけられ、存在することは実在することという意味ではなく、実際の働きを為すことを意味する。身体即我、存在するものの刹那生滅性が成立し無我説を説く。

我を離れることをめざし形而上学的な論議をしりぞけた。

仏教とは何か。それは縁起説、共に生きる社会の提言である。

自我の存在、我にとらわれない無自性の者としての人間存在に光を当てる。人間は固有の実体をもたず、それ独自の本性をもたない。因縁によってあらゆるものは生起している。

事物の起こる因縁、起源、由来する縁起をさとす。

㈠人は互いに尊重しあうこと。自己過信、驕慢はよろしくない

㈡人は自由であるが、はき違え、きまま勝手はよろしくない

㈢寛容の精神が大切である

対立・闘争の社会から明るい和やかな社会や家庭を実現し、合掌の心にて仏功徳を愛する合掌の生活が大切であると言う。

自己は愛しきなり。されば自愛の為に他を害することを勿れ

ブッダは共同社会、共に生きる社会をつくる努力をし、自他の人格を尊重した。

ブッダのその指導原理、中道《ちゅうどう》実践、八正道《はっしょうどう》を諭す教理の綱格を四聖諦《ししょうたい》と名づけ、梵行を奨励し、多くの人々を教化した。

四聖諦は迷いと悟りの両方にわたって因と果とを明らかにした四つの真理で、四諦とも言った。苦諦《くたい》・集諦《じったい》・滅諦《めったい》・道諦《どうたい》の四つで、苦諦は、迷いのこの世はすべて苦である。集諦は、その苦の原因は愛執である。滅諦は、その愛執を滅することが理想の涅槃の境界である。道諦は、その涅槃にいたる因として八正道を実践修行しなければならないと説いた。

縁起相関の理

自我哲学でなく無我観や縁起観を諭し展開した。自己否定をくぐった他の存在価値の認識に始まる無我観にて協同する人間存在の実相、相関の原理への究明をこそ仏教の主要なモチーフとした。

八正道《はっしょうどう》の実践、中道の大義は、協和の理論であり和楽への道であった。

八正道は、仏教の基本的な八種の実践法で、正見《しょうけん》（四諦の道理を正しく見ること）正思《しょうし》惟《ゆい》（正しく考えること）正語《しょうご》（正しく語ること）正業《しょうごう》（正しい行いをすること）正命《しょうみょう》（正しい生活をすること）正精進《しょうしょうじん》（正しい努力をすること）正念《しょうねん》（正見を得る目的を念じ忘れないこと）正定《しょうじょう》（正しく清浄な禅定に入ること）の八つであった。

釈尊はその伝道宣言に「比丘よ各地に遊行せよ衆の利益、衆の安楽の為、世間哀愍の為、人天の義理、利益、安楽の為に二人が同一所に行くこと勿れ」仏教の一貫する開拓創造を眼目とする文化行であり、大奮闘努力して勝ちとった勝利者の文化行宣言は、善隣友好、萬国共存共栄を志すユニバーサルな文化行であった。

仏教の業説、業は行を意味する人倫的実践である。

賤民の名は悪意、不孝、詐偽、欺瞞、暴行、すべて人倫にそむいた者の名である。人間は、人種や家系が尊いのではない。行為実践による。生まれ主義、何人種であるからということで社会秩序は決定されるものではない。

社会生活は各人の生業《なりわい》・職業kammaによって正しく共存している。

人種はすべて平等である。色の黒白など何等問題ではない。人種によって不平等などあり得ない。牛を大切に耕作に従事するものは農夫であり、手工業は職人である。交易売買は商人、盗みをすれば婆羅門も盗賊である。武術は軍人であり、祭祀者は祭官、村や国を領すれば国王である。

実践次第で人の鏡ともなり得るが、社会秩序は職業の共存による。生まれ等何の力にもならない。

因果の道理、縁起相関《えんぎそうかん》の理によってありのままに真実を見るところに秩序が明らかになり「縁起を知る賢者達は、業と果報とを正しく見分けてかやうにしてこの業《カンマ》のありのままを見る」

中道の立場、法の立場にある広い仏教精神をブッダは説いた。

第三項　釈尊の教育法　分別説《ふんべつせつ》vibhajjavāda

「ありのままに真実を見透かす」「見分ける」「よく説き明かすこと」、人々に理解させるように説く。観念を先に押しつけるのではなく、生活に則した真実を明らかにする覚者ゴータマの成覚と教化の活動である。

利益を計る立身出世主義や商業利得主義を堅く戒め「初めに技術を学び、後に財物を求むべし」業務を務むところ、自ら財を作す。相互に他を尊敬し合って教養を修め本分の業に励むところに自ずから財利を生んで行く。生活的な共同利益社会の倫理を勧め健全な家庭経済を教えている。

農夫には種子を富産業者には飼料を、商人には交易経済の資本を、官吏には食と俸給を、人民の職業労働には安堵を与えることが富国安泰の道であると勧めよと秘訣を授け、新しい宗教理念をもって行いを説いた。

ブッダは先天的な本性を尊重しつつ後天的な教養に力をそそいだ偉大な教育家であった。

釈尊と同時代の六人の自由思想家（六師外道）に
一、アジタ・ケイサカンバラ　快楽主義的唯物論者
二、サンジャヤ・べーラッティプッタ　懐疑論者
三、マッカリ・ゴーサーラ　宿命論的自然論者
四、プーラナ・カッサパ　無道徳論者
五、パグダ・カッチャーヤナ　無因論的感覚論者
六、ニガンタ・ナータプッタ　ジャイナ教の開祖
がいる。釈尊と同時代の仏教以外の思想や宗教を信じ自論をとなえる人師である。それぞれ弟子をもち異なる意見をもっていた。一言で言えば間違った考え妄見にとらわれ、ぬけられない邪見の思想家であった。

仏教真理の否定者
最左翼の思想唯物論者

アジタケイサカンバラAjita kesakambalīの主張

聖者たるアラカン（修行を完成し煩悩を断ちつくし尊敬を受けるに値する人、上座部仏教の最上の聖者）を否定し、仏教の真理を否定し、仏教の真理と異なる総ての説、邪見（誤った見解）をとなえた。

邪見は、仏教から見た限りに於て誤まれる人生観や世界観を意味する。

邪見は、癡（ものの道理がわからないこと）を根源とする。

痴は真理を真理なりと知り、虚偽を虚偽なりと知る事に関して無能力で、それは無明（無知）にほかならない。これが活動して現実的に一定の形態のものとなればそれが邪見（因果の道理を無視する誤った理解、執着）である。

正見は能く邪見を断ず。悪を知り悪の根を知り、善を知り善の根を知る。

知るはpajānātiのその名詞は般若《はんにゃ》paññā（悟りの智慧）である。

般若、縁起の原理の根本無分別智（真理を見る心のはたらき絶対智）は即ち明vijjā・vidyāであらねばならぬ。癡は無明（無知）である。

般若を以て認識して正見を見る。般若は真理に通達した智見である。

唯物論者アジタは、宗教行事の効果等既成的なものはすべて否認した。

非業論、非作用論、既成打倒一辺倒で文化的努力に欠けがちであった。
現代社会にも類似した唯物論者が見られるであろう。
それに対してブッダの教え、仏教は業（心身の活動・行為）実践道を尊重する。

人それぞれの素質　五性格別説《ごしょうかくべつせつ》

人々が先天的に具えている素質を五種に分け考えて見ると、
一、菩薩定性《ぼさつじょうしょう》、人間には菩薩になるはずの者　二、縁覚定性《えんかくじょうしょう》、独善的なさとりを開く人になるはずの者　三、声聞定性《しょうもんじょうしょう》、小乗仏教の修行者になるはずの者　四、不定性《ふじょうしょう》、そのいずれとも定まっていない者　五、無性《むしょう》、絶対に救われる可能性のない者無種性《むしゅしょう》、永遠に迷界に沈んで苦から免れることがないこれらの者は、永久な決定的な素質として五種に区別された。
さとりの智慧なき者、因果業報を信ぜず、現世の永続を楽って涅槃に入らない人々は一《いち》闡提《せんだい》icchantikaと名づけられた。自然主義的な順世、現世主義者たちである。

この世にいる無信仰者である。

現世主義者であって涅槃を楽わない人々を、さとりの素質のない者と決めつけたのが無性、「宗教非器たる性格の者」である。不可治、焦種、畢竟、決定、無性、存性等と言われた。

シュードラは、皮膚の色が異なる事実に基づいた永久追放者であった。

無性は、さとりの類型であり宗教心の有無である。

この無性には、修養や廻心の懺悔による転向を認めるのが正しいであろう。

仏となる可能性がない無仏性は、無仏種性とも、種性は種姓ともいわれた。

悟りを開く種、可能性としての素質をいうが、仏となる可能性がない人たちである。

「縁無き衆生は、済度が難し」という無仏性である。

シュードラは無性、一闡提といわれた。

現世主義、断善根《だんぜんこん》（善い果報を招くと思われる善の業因、根本となる追善供養の仏事法要を断ち）誹謗大乗《ひほうだいじょう》（大乗の教えをそしる）人たちである。無間地獄の罪におちる人たちである。

宗教的反省も深まり、一切衆生を救済し尽す迄は涅槃に入らないという菩薩を「大悲闡提」と名づけ、闡提にも理仏性を許し、廻心して成仏する道を慈悲心により開いた。諸人の発心、菩提心をおこす、思いたって何かを始めようと思う「廻向発願心」、その心の目覚め、転向更生の道に期待を寄せる。

宗教心の開発による生まれ変わり転依である。転は転じて捨てる転捨転得である。叡智によって転得されるものが仏果である。依は依り所、生命の基盤である。存在論的に依を転ずると表現した。飛躍である。

熱情的な煩悩の障りを捨てて涅槃を得、知識的な障りを捨てて菩提の智を得る。転ずるは、智を主としている。

この叡智の活きる場所、依り所が唯識の第八識阿頼耶識《あらやしき》である。この識が存在の基盤としての一切現象の因たる種子の依り所である。

真如は、ありのままの姿の意である。ありのままにものを見る真如による新しい解脱、観縁起の真理性、四諦の真実、三昧の自在を真如と名づけた。

ブッダが生きた時代

ブッダの生きた社会〔西紀前四八六年（推定）誕生時から八十歳入滅まで〕は、無智と蒙昧が広く人類を覆っていた時代社会であった。

ブッダは人々を智慧の道に導き、人々に人生の目標と生きる意義を示した。

「ただこの道あるのみなり
智見を浄むるに他の道あることなし
なんじらはまさにこの道をゆくべし
これは魔王をも幻惑するものなり」

（『ダンマパダ』（法句経）二七四）

人間の自己形成、自己確立、目標の指導原理として人々にその生き方、智慧を示した。全てのものは原因があって生起し原因がなくては何ものも生じないという因果律、因果の法則、業（行為）によってそれに相当する果報を招く。その法則性を知らず無知であるからか、賭博を行い財物を賭け勝負を争う。一か八かのまぐれ当たりを狙う。人間には我欲、欲望があるから落とし穴に落ちる宿命にある。

人間には強い精神力と信念が求められるが、それ以上に仏智の不思議、因果応報を信じ、深く仏の救いをたのみ、更に自己の往生を疑わない「明信仏智《みょうしんぶっち》」、叡智を身に着ける必要がある。智なき人から智ある人への変身、主体的目覚めであろう。

仏教は人生の指導原理、生き方を諭し成功を導く叡智を教える。初心を忘れず、夢を捨てず、夢叶うと信じて精進努力する人を称賛する。

仏教は少数者のエリートの智慧の道ではない。智ある大衆の道である。

愚かなる仏弟子・名なき仏弟子、物事をやり遂げることのできない愚かしい人たちをどうするか。これも人生の課題であろう。

釈尊の弟子に周利槃特《しゅりはんどく》（チューラ・パンタカ）という人がいた。物覚えがよくなく、その兄は、師より与えられたわずか四句の偈文を四か月かけても暗記することができない弟を追い出し、道の器にあらず汝去りて家に帰れという。この能力なき周利槃特にブッダはその頭を撫で箒を与え掃除をすることを教える。周利槃特はやがて心の汚れを清らかにするブッダの教化法であることを悟る。

能力なき者をどう指導するか課題があろう。

一人の導師、指導者が多くの人々を引率し、珍宝の処に到ろうとする。道半ばにして疲労は激しく、もはや前進の気力もなくし、前路尚遠し、今は退き帰ろうと言い始める。方便をめぐらして険道の途中に一城を化作して、導師は言う。「みんな元気を出すがよい。あそこに大きな城がある。あそこまで行けば何でも思いのままである。」勇気づけられ諭されて、疲れていやになってしまった人々ももう一度元気を出し遂にその城にたどり着く。休息の後、われらは更に前進しなければならない。われらの真の目標は更に彼方にある。如来が私たちを導き賜うのも「このごとくしたら行ける、このごとくしたら来れる」という導きである。道は凡夫が教法を聞き、それを実践して聖者の境地に至る無限の道であり、無究であるが善功方便をめぐらし目的地に導く話である。

教化法にも優れた教化方法、真実の世界へ導く手立てがある。方便の技法（upāya）であろう。

人は皆夢を叶えたいという願いを持って生きている。教化すべき衆生（人々）を巧みな方便により満願成就させる。そのため人生哲学にはすこぶる大切な叡智があろう。

仏教は、理論と実践とが離れない不二中道に特色があり、縁起相関の理を日常人生に認識することが大切であるという。

アショカ王の仏教帰依　仏教の伝道

仏教の真理Dharmaは、有名な法勅アショカピラーの刻文となりギリシャ・シリア・エジプト・北印度ギリシャ植民地・スリランカ・ビルマ等の各地に仏教伝道使が派遣されることになった。

釈尊の滅後仏教教団の伝統的主流は、仏弟子大迦葉《だいかしょう》、阿難《あなん》と受継がれ、舎利弗《しゃりほつ》sāriputtaや優波離upāliの系統も伝わった。分別論議に長じた大迦葉mahākaccāyanaは独立して故郷ujjenīに伝道した。

釈尊滅後約百年して

東方派、vesāliを中心としたpācinaka進歩的な大衆部

西方派、kosambīを中心としたpātheyyaka保守的な長老派上座部の二つに大きく分かれる。

upaguptaは、アショカ王の宗教顧問であった。

仏教は、アショカ王前後から各派に分裂し約二十の異部を数える程で三十三師が印度に

おける相承となり分別説部vibhajjavādinと称するに至った。

分別説にすぐれたマハーカッチャーヤナ大迦葉の教化した故郷ujjenīに母と共に住んでいたアショカ王の子マヒンダmahindaは、この地からスリランカに仏教を伝えた。

釈尊の仏教は「釈氏の学」とも言われ、仏法を世の闇を照らす燈明、闇を明るくする智慧にたとえ「自燈明《じとうみょう》・法燈明《ほうとうみょう》」の教えとも言われる。

釈尊滅後百年にして大衆、上座の二部派に分裂し、それから二、三百年の間に更に十八部といわれるような種々の部派に分れ部《ぶ》派《は》仏教《ぶっきょう》時代を現出した。

アショカ王の治世に、部派仏教の進歩的修行僧たちが新しい教義として十か条の承認を教団に求めた。

これに反対する保守的な上座部と賛成する進歩的な大衆部に教団が二分した。

大衆部から説一切有部、説出世部、鶏胤《けいいん》部、多聞部、説仮部が分出し大衆部は九部となった。

上座部は、仏滅後三百年の初めに二分裂して説一切有部、雪山部となった。更に諸派分立があり、小乗二十部といわれる部派仏教の時代を迎える。ある意味では、根本仏教の歴史的発展であった。

当時の仏教は、釈尊時代の仏教のような活動性、純粋性、一般性を失ってアビダルマと称せられる固定的な専門的な仏教となっていった。

阿毘達磨《あびだるま》は、法《ダルマ》の学習研究、仏の教えを整理、注釈、研究、要約した聖典・論書を意味する。

経典や戒律の説明解釈のため、アビダルマという訓詁煩瑣《くんこはんさ》の学問が発達し、仏教は単なる理論となっていった。

単なる理論の為の理論は、釈尊によって戯論《けろん》(無益な言論、無意味なおしゃべり話、仏道修行に役立たない思想、論議)として排斥された所である
比丘僧侶たちはこのような訓詁煩瑣な仏教の学問研究の為に時間と労力とを消費し、自己の人格完成の為の修養努力が十分できなかったのみならず、世の人を指導救済するという仏教本来の立場を失うに至った。

形式的学問的傾向は、部派仏教の中でも保守的な上座部に多かった。

進歩的な大衆部の中には、世の人を指導救済するという仏教本来の姿に復帰せしめよう

とする運動が生じた。

この仏教復興運動が発展して「大乗仏教《だいじょうぶっきょう》」となった。

紀元前一世紀頃からであろう。大乗仏教が起ったゆえんはアビダルマの徒が学問研究にのみ没頭し社会教化の活動を怠っていたからである。

部派仏教上座部のアビダルマ仏教を小乗声聞《しょうもん》の教であると貶し、自らを一切世間を救済する大乗菩薩の教であるとした。アビダルマ仏教は保守的で仏の金言説法、聖典の言句は金科玉條として絶対に信奉し依文解義の態度、訓詁の学として仏教の教理も細密となった。「唯識三年倶舎八年」といわれるように、倶舎は難解なもので専門家でないと扱うことができず一般の人には無用なものとなった。

この新しい大乗仏教運動は多くの共鳴者を得て短期間にインド各地に拡がった。

新しく興った大乗仏教は菩薩としての自覚をもち、未来に成仏すべき誓願を立て、その願行として波羅蜜（さとりに至る為の菩薩の修行、さとりの道、六波羅蜜）の善行を続けなければならないという意気込みがあった。

その行動は「衆生済度《しゅじょうさいど》」という菩薩の誓願から発したものであった。

自己の人格形成の為には八正道の教えで十分であるが、これに満足せず新たに修行方法として成仏を目的とする大乗菩薩の願行、一切衆生を救済する為の修行方法六波羅蜜《ろっぱらみつ》を採用した。

三宝を信じ布施を行じ、波羅蜜の行を実践するものはすべて菩薩である。

布施行によって他の人たちと共存共栄し、社会大衆の福祉を計ることにより仏国土が実現されると六波羅蜜、四摂法《ししょうほう》（人々を仏道に引き入れる四種の行為）が説かれた。

ちなみに四摂法Samgrahaは、菩薩が人々に利益を与える四つの方法であり、人々を仏道に引き入れる四種の方法である。一、布施、物を施す財施、教えを説く法施　二、愛語、やさしい言葉をかけること　三、利行、利益を与える様々な行為　四、同事、他の人と同じ立場に身を置いて苦楽を共にすること。四摂事とも言った。

教の理論研究の発達

セイロン上座部　説一切有部　阿毘達磨、唯識がそれである。

行為者は無我、行為の原因は心又は意にあり、為された行為は行為者に対して彼の未来の生活に至大の力をもつ。

身＝身によりてなす行為、身の悪行為は殺生・偸盗・邪淫　善行為は不殺生・不偸盗・不邪淫である。

口語によりてなす悪、不善行為＝妄語《もうご》（いつわりの言葉）・離間語《りかんご》（相互の仲をさく言動）・麁語《そご》（粗暴な言葉）・綺語《きご》（真実にそむいた巧みに飾った言葉）、善行為に不妄語・不離間語・不麁語・不綺語がある。

意によりて為す悪、不善行為に欲憎・邪見、善行為は離雑・離憎・不邪見の三乗、三種に区別される。

十善業の行為、十悪道の行為は無数であるが十業道が意味をもつ。

行為の規制戒律に、一切の諸善が摂せられていると考えるからである。

最極の困難に陥ってこの不幸は悪行の結果であると人々は反省する。

そして善を行おうと決心して不殺生から始める。次第に善の数をより多く行い、十善行道を現出せしめ成立せしめる。人間生活最善の状態である。

「仏教の縁起説」の本体を成すものが業（行為）の思想である。

十悪業　殺生（生きものを殺す特に人を殺す）麁語《そご》（粗暴な言葉、あらあらしい礼を失した言葉）瞋恚《しんに》（自分の心に違うものを怒り、うらむ怒り）の三は瞋（怒り）から成る。不与取（偸盗）盗みと欲（邪行）邪淫貪の三は貪（愛欲、むさぼり、執着、貪欲、淫欲）から起る。

邪見（よこしまな見解、間違った考え意地悪、因果の道理を無視する妄見）は痴（ものの道理がわからぬ無知）から起る。

虚誑語（うそ、心の常態を失する）と離間語（相互の仲をさくこと、仲たがいをさせること）と雑穢語《ぞうえ》（無用語、くだらぬだじゃれ）との三は貪《とん》・瞋《じん》・痴《ち》の三悪根にある。

仏教倫理における動機説は、邪見、癡に対し正見、慧prajñāを勧める。

大乗の在家者は、「心は法の本たり。心は尊きもの、心は導くもの、心が善又は悪を念ずれば即ち言あり即ち行あり。故に意業の重きことを知る」（『成実論』）ことを了解する。

大乗仏教の一切衆生済度、願行思想の確立

原始仏教・部派仏教・大乗仏教と次第する仏教思想の歴史的流れがある。

時代に常に即応する仏教の生命を無限に生き生きと進展せしめんとする努力の顕れであろう。

知性というよりむしろ努力開拓・利他博愛の行による情意的発展といえる。

大乗仏教は、自覚の真理たる縁起、十二因縁を力説している。

大乗仏教は縁起pratītya-samutpādaの自覚を重んずる。因縁によってあらゆる事象がそのようなものとして生起している縁起観、観法である。

正見は、縁起に通達せる事である。

業の問題、行為の問題、四諦説が即ち縁起の覚者の真理であり、この真理を知らぬ者は悪業に悪行を重ね不幸の上に不幸を積んで行く事となる。

真の人の理想、般若prajñāは心の秩序の原理である。

「心によりて業は積聚せられ、智によりて整理せられ、般若によりて心は無相の威力を得る」（『梵文入楞伽経』）

第二章　大乗仏教の特質

六度の思想

㈠布施《ふせ》dānaをする当事者、行為者は徳に恵まれるという。極めて大なる徳、利他的な布施の精神は「与えんとするや心悦しく与ふるや心ゆたかに、与え終りて心楽しかるべし。これぞまことの慈善なり」（ジャータカ390）といわれ仏教的な正しい布施の姿であるという。

㈡持戒《じかい》sīlaは悪を止め善を修する、行いを慎む戒による仏教徒の生活である。

㈢忍辱《にんにく》は、耐え忍ぶことである。戒律を守って犯さないこと。きめられた戒めをよく守ることである。一切の迫害や侮辱に耐え、安らぎの心をもち、怒りの心を起こさないことである。

㈣精進《しょうじん》―ひたすら仏道修行にはげむこと

㈤禅定《ぜんじょう》、心を統一し、静かに対象を観察し思索し真理を悟ること

心を一つの対象にそそいで心の散乱をしずめ、対象をはっきりと考えること。心を一点

に集中し、雑念を退け絶対の境地に達する冥想である。

㈥智慧《ちえ》は、対象を正しく捉え真実を見究める能力である。

彼岸に至る六つのすぐれた修行、六つの完成、六波羅蜜である。

小乗仏教上座部は、三学が学仏道の見地から中核を成していた。

三学は、仏道を学ぶ為に最も大切な基本的修行を三つに整理したものである。戒学（悪を止め、善に努める）定学（心を静め雑念を払って精神統一を行う）慧学はこれらのうえに立って、真実のすがたを求め究めることである。

大乗仏教によって力説されるのは般若《はんにゃ》、心の秩序の原理である。

小乗上座部の十善業道思想は、大乗に承認せられ展開せしめられ戒波羅蜜多《かいはらみた》、三聚浄《さんじゅじょう》戒《かい》となり、三学の体系は承継せられ展開せしめられ、六波羅蜜多となっている。

仏教思想の歴史的展開の普遍的原理、業思想と結合せる般若思想の継承展開である。

戒波羅蜜多、三聚浄戒《さんじゅじょうかい》の戒法は、大乗の菩薩のたもつべき戒法で大乗独自のものであろう。㈠摂律儀戒《しょうりつぎかい》・破悪一切の諸悪をみな断じて捨てさること、仏の制した戒めを守って悪を防止すること。生命を殺害すること（不殺戒）、盗み（不盗戒）、淫欲（不淫戒）、偽りのことば（不妄語戒）、酒の売買（不酤酒《ふこしゅ》戒）、他人の罪やあやまちをあばくこと（不《ふ》説過《せっか》罪戒）、自分をほめて他人をそしること（不自讃毀他《ふじさんきた》戒）財や法を施すのを惜しむ（不慳戒）、怒って相手が誤っても許さぬ（不瞋戒）、仏・法・僧の三宝をそしる（不謗三《ふほうさん》宝《ほう》戒）等をやめさせる十種の重い禁制（十重戒）である。㈡摂善法《しょうぜんほう》戒　行善・積極的に一切の諸善を実行すること㈢摂衆生《しょうしゅじょう》戒　すべての人々を皆ことごとく摂取してあまねく利益を施す。慈悲心にもとづいて衆生の為に尽す一切の利他行をいう。

大乗仏教には

㈠菩薩思想

㈡利他大悲の精神

㈢波羅蜜

㈣本願の思想

等があろう。大切な本願の思想については後程論述したいと思っている。

仏教者の生活倫理　仏教倫理

倫理は、犬猫にはない人の行為、業に関する行為の仕方を問題とする。業道の考察は善悪の行為が問題、課題とせられる。

悪行為は不幸へ、善行為は幸福へ至らしめる。

幸福を求めぬ人はいないであろう。十悪業道と十善業道があり、この説の真理性が示される。

波羅蜜多思想　三聚浄戒の思想　律儀戒は身口意の三業の清浄が大切と言う。

戒律は言って見れば仏教の倫理であろう。

戒は性格、行為、道徳、法則「人たる者の生活規則」である。

律は行為の規範「教団の生活規則」である。律は仏教教団即ち僧伽の倫理であろう。

行為は業、行為の仕方である業道は、仏教の般若の智慧から離れ得ない。

行為は、各自の行為であって過去・現在・未来の行為がある。

すべての行為者の内部に原因をもち成熟又は異熟として結果を生ずるという。

「七仏通戒偈《しちぶつつうかいげ》」は仏教倫理のエッセンスである。

過去七仏が通戒とした簡略な諸仏の教戒を示した偈である。諸の悪をなすことなかれ「諸悪莫作《しょあくまくさ》」、もろもろの善は奉行せよ「衆善奉行《しゅぜんぶぎょう》」、自らその意を浄くせよ「自浄其意《じじょうごい》」これ諸仏の教えなり「是諸仏教《ぜしょぶっきょう》」

自浄其意は意業の清浄、意業である。

邪見によりて善根の切断がある。善根の切断の故に他人の財物に対する悪しき欲望が起り、自己以外の有情を傷害しようとの憎も生ずる。

業道は、般若の智慧を最後の依り所としている。

業道が大乗仏教に於て如何に取扱われているか。

六度又は十度の修行、大乗仏教を小乗、上座部から区別するものは般若、智慧の形態である智慧の力である。「そは諸力中の最上の力、智慧の力は第一の力なり、智慧の力を備へたる賢きものは利益を得」（ジャータカ521）

四無量《しむりょう》　無量の衆生に対して楽を与え、苦を除かんようとして起こす四つの心である。

慈無量心《じむりょうしん》　楽しみを与える、いつくしみの心によるすべての者に楽しみを与えようとする心

悲無量心《ひむりょう》　苦しみを除く
嬉無量心《きむりょう》　他人の楽を喜ぶ
捨無量心《しゃむりょう》　他人に対して愛憎の心がなく平等である
四摂事《ししょうじ》　人々を救う為に人々をおさめて守る四つの行為

人をひきつける四つの手段、他人を仏道に引き入れる四つの方法である。

仏教を実践する人が人びとを誘い続ける為に具えるべき四種の美点であり、社会生活上欠くことのできぬ四つの徳、㈠布施《ふせ》　㈡愛語《あいご》　㈢利行《りぎょう》　㈣同時《どうじ》　であることはすでに述べたが、多くの人を導いていく方法である。

簡略化して言えば、㈠「気前よさ」㈡好意　㈢協力　㈣奉仕　と言えるであろう。

十善業道を以て常恒にして根本的な道徳法則として慈雲尊者飲光は、十善業道を「人となる道」と諭す。

信ぜぬ悪行の人、信ぜぬ虚偽の人、信ぜぬ利己の人、信ぜぬ過智の人がいるが、行による平等の精神の伝統を仏教は示す。

精進、忍辱、不放逸

なまけないこと
なまけないで修行すること
なまけないで自己を完成せよ

それは釈尊の最後の説法であった。

常に罪を作るをば放逸の人というが、放逸はわがまま、勝手気ままに振る舞うこと。なまけることである。

行における精進の重視と並んで真実、正しい言語に関連せる真実語、法語、正しい語を語る正しい人のあり方を語る。

「賢者よ、男というものは、何処に依処を見出すべきでしょうか。真実にである。」（ジャータカ546）

菩薩においては妄語の戒を破ることは決してない。（ジャータカ431）

現実に立脚して、勇猛精進を以て、大菩提を求める大乗の菩薩の宗教倫理である。

「信頼してこそ食ふべけれ、信頼は最上の味なり」（ジャータカ346）

現実の人生における信頼、清浄心を意味する。

悟りを得る為の修行法

その行法であるが、行は目的地に行く行であり、目的地に行けば目的地は次第に近づいてくる。その行に

聖道の行

浄土の行

がある。聖道の行は聖道、即ち仏の悟り、智慧をうる道を意味する。

「聖道といふは、すでに仏になりたまへるひとの、われらがこころをすすめんが為に、仏心宗（禅宗）・真言宗・法華宗（天台宗）・華厳宗・三論宗等の大乗至極の教なり。乃至これみな聖道の門なり」親鸞作『末燈鈔』

法相・三論・天台・真言等自力でこの世で悟りを得ようと修行し努力をする。

行為には果報があるが、自分の力で修行して悟りを得ようとする。努力によって悟ることができるとする。自力教、自力宗、聖道門である。

他の力を頼まず全く自分の力によって生活を改めて行く。自分の力、自力によって長い間の修行を克服して悟りをひらく仕方で、難行道ともいわれている。

自我のとらわれを断滅する為の行が仏教であるが、自我のとらわれから遠離することができる三昧《さんまい》（一つのことに心を専注して一心不乱に事をする）境地（Samādhi）をめざす。修行を自ら実行する聖道門の行である。

仏の教えに則って悟りをめざし、心身の浄化を習い修め、仏道を実践する。

定心《じょうしん》と散心《さんしん》の行があろう。

定心は、精神統一によって静かな安住の境にある心であり、雑念をはらって心を集中する禅定の修行である。

散心の行は散乱する心、集中できないで気が散る。周囲環境によって動揺して安心しない散乱する、平生の機が乱れるままの心で、集中できないで気が散るいわゆる散心のままで念仏する心である。

この行を真剣に行じても、悟りを開く真実の行ではないので、悟りは彼方に去りゆく。

自分ひとりの独力、自分の力で修行して真理悟りを得ようと思量し、悟ることができるとする自力の人生観、自力教である。

一方、浄土の行は真実の行といわれる。

他力阿弥陀仏《たりきあみだぶつ》の本願《ほんがん》の力の念仏で浄土、阿弥陀仏の極楽浄土（心配や悩みなどがなく・安楽であり、おちついた楽しい境遇）をめざす浄土の法門である。阿弥陀仏の名をひたすら称えるその修行は、称名行《しょうみょうぎょう》ともいわれる。称名念仏は、阿弥陀仏の名を口に称える他力（願力）廻向の真実の行としての念仏である。

「称名念仏まことにこれ専修専念決定往生の徳なり。称名念仏は本行なり」

ただ口まねの念仏を称える念仏もあろう。

現世の利益を求める為の念仏、災害をまぬがれる為に称える呪術の念仏もあろう。

行じ易い行、万行随一の行として称える念仏名号の体は、衆生（諸人）を救いたもう法そのものであり弘願他力《ぐがんたりき》（仏の誓願）の念仏で救われる。

阿弥陀仏を信じ、一心に念仏を唱えて極楽往生する念仏往生、まことの心、信仰心による信心往生、即ち阿弥陀仏の救いを説く教え、念仏による実践修行者は、念仏の行者ともいわれている。

世の人を利する利他行であろう。

ひとえに念仏を称える篤信の人々である。

念仏によって浄土往生を願う人たち、念仏衆が大勢いる。

「念仏《ねんぶつ》衆生《しゅじょう》摂取《せっしゅ》不捨《ふしゃ》」（念仏して浄土に往生することを願う人を、阿弥陀仏の光はその中に収めとって捨てない）と『観無量寿経』は説く。

『無量寿経』巻上に、阿弥陀仏の十八願が願文として示されて「設ひ、我、仏を得んに十方の衆生至心に信楽して我が国に生まれんと欲し乃至《ないし》十念せん。若し生まれずば正覚を取らじ・唯《ただ》五逆《ごぎゃく》と正法を誹謗《ひぼう》せんとを除かん」と。

「乃至十念」十回念仏を称えたならば、念仏者のその人を往生させようという願意が示されている。

第十八願は、阿弥陀仏の四十八願のうち最も重要な願いなので王本願ともいわれ、その内容からは念仏往生の願ともいわれる。

阿弥陀仏の立てた四十八願のうち、念仏する者を救うことを誓った第十八願、まごころをもって仏を信じ願い求める至心信楽の願い、阿弥陀仏が誓いの真実を信ぜよと命令した言葉、勅命であると言う。

十念は十たび仏を念ずること。十遍「南無阿弥陀仏」を唱え念ずる。十声念仏である。

罪障深い凡夫が、臨終に十声念仏して、極楽に往生することを十念往生というが現生、この世、現在の人生、現世にて阿弥陀仏を信ずる者は「不退転の位」に住する。悟った菩薩の位を失ったり退転しない。怠らず行い、くじけない。固く信じて屈しない人である。

現世において必ず仏となると定まっている人である。

定められた運命を退転することがない「正定聚の位」につくという。

仏道修行を修めてその修行を途中で挫折退転しないこと、挫折せぬ位を行不退というが、不退転の決意、決定のある夢叶う人生行路である。

行住坐臥日常の起居動作にあって、寝ても覚めても念仏をとなえる念仏者になることである。

第一節　仏教の人生観

「仏教」とは、仏陀世尊の説いた悟りの道、その教えである。人生観は人生、その有する意味の理解、解釈評価の仕方等をいう。思想上の態度・素質・性格・経歴・教養・体験を通じて出来上がった、多少なりともまとまった人生観、見方であろう。仏陀の説いた人生行路に対する心得といえる。

設問一、人間とは果たして何物であろうか。

無我説《むがせつ》

仏教には外道（仏教以外の教え）邪説と異なる三つの旗印、教理がある。

一、諸行無常印

仏教の根本思想で、世の中のいっさいの造られたもの、万物は常に変化生滅して少しの間もとどまらないという事実。永久不変なものはない。

雪山偈はいろは歌として知られる。雪山童子が雪山においてこの偈を聞いたという。

いろはにほへと　ちりぬるを（諸行無常）
わかよたれそ　つねならむ（是生滅法）
うゐのおくやま　けふこえて（生滅滅已）
あさきゆめみし　ゑひもせす（寂滅為楽）

二、諸法無我印《しょほうむがいん》

宇宙間に存在する有形・無形のあらゆる事物、一切の存在は、すべて無常であるから、我の存在することはない。すべてのものは因縁によって生じたもので実体性がない。不変の実体である我は存在しない。霊魂は存在しないと説く。

三、涅槃寂静印《ねはんじゃくじょういん》

煩悩を滅却して絶対自由になった仏教の理想の境地「悟り」の教えを説き、世の人々、迷える衆生を目覚めさせて生死を離れさせ心の平静な寂滅、悟りの境地に至らしめる。

仏教の特色を三つの旗印で示す。

五蘊和合《ごうんわごう》の人間である。

人間は心（精神）と体（身体）の集合体、即ち心身一如の存在である。人間は五蘊、五種類の集合体である。色《しき》（物質及び肉体）受《じゅ》（感覚・知覚）想《そう》（心で浮かべる像、概念構成、知覚、表象）行《ぎょう》（意志・記憶等の心作用、潜在的形成力）識《しき》（心、認識作用、識別作用）の集合体である。

われらの存在を五つの構成要素の集合、五つの集まりの関係においてとらえる。

仏教では人間を一つの集合体と見、五蘊を離れて人間というものはない。五蘊仮和合の存在である。肉体即ち物質と精神とが集合して初めて出来たものであるという。

霊魂の不存在

設問二、人間に霊魂とか神我は存在するか

五蘊和合の身体なので、いろいろなものが集合して体を成すので、別体が存在することはない。各自精神の働きがあるが、肉体から区別された精神的なものはない。仏教は精神と肉体とを区別する二元論には立たない。一元論である。キリスト教では身体と精神の二元論であり霊魂を説く。

祈願や信仰に対して神仏の不可思議な感応を霊験といい、仏教でも不思議な霊力が語られるが、それは全宇宙を法の顕現と見、不可思議な法界、真如《しんにょ》（すべてのもののありのままの姿）を意味する。

法界は法dharmaのことである。大乗仏教においては法界が事物の根源、宗教的な本源を意味するようになり、この全宇宙の存在を法即ち真理のあらわれと見て真如と同義語とした。

真如・実相《じっそう》（ありのままの真実の姿）・法性《ほっしょう》（一切の存在、現象の真の本性。現象的差別を超えた普遍的な絶対平等の本性）ともいう。

法身《ほっしん》は仏の説いた正法《しょうぼう》を名づけ、大乗仏教では究極絶対の存在、真理そのもの、真理を身体としているものを意味する。真理としての法そのものが説法して法身説法《ほっしんせっぽう》、今現在説法《こんげんざいせっぽう》をし、永遠の説法をしているとある。

仏教語の真如は「あるがままのすがた」の意である。あらゆる存在の真の姿、万有の根源をいう。実相ともいうが、すべてのものの真実のありのままの本当の姿、常住不変の真理・理法をいう。

法性はやはり諸存在、諸現象の真実なる本性、万有の本体、仏教の真理を示す語である。存在の真実にして不変なる本体がある。一切の現象存在を貫いている絶対の真理、あらゆる存在の現象的差別を超えた真実不変で絶対平等な本性がある。

浄土教は実相法（永遠の普遍的理法）、弥陀の名号を考えている。

設問三、如何にしたらわれらは真の絶対を知ることができるか

それはわれらの心をもって真接に仏の境遇を大悟するしかない。果分不可説（結果としての仏の境地、仏の悟りの内容は言語をもって説示することができない）離言真如（真如が言語や思惟を絶したものである。言葉では言い表せられないことである）と語る。

啐啄同時の求道体験があろう。啐は雛が卵から出ようと鳴く声であり、啄は母鳥がつつき割ることをいう。修行者の悟りを開く機が熟したのを見て、師家がすかさず一つの教示動機を与えて悟りの境地に導く。師弟の人格と人格とが直接相触れて仏祖の生命が伝えられる宗教体験の瞬間である。

世俗的な欲望追求にのみ走りよこしまな方向にある心を改めて、信仰の世界に心をふり

向ける廻心、懺悔心があろう。回心《えしん》である。

邪悪な自己を懺悔して仏道に帰依し、自らを清浄な悟りに向ける。善を行い、敬虔な仏教者となる発心である。

追善廻向は、仏事法要を営んでその功徳が死者の死後の安穏をもたらすように期待する。回は回施、向は因より果へ向かうことである。

浄土に生まれようと発願する廻向発願心もあろう。本願力廻向による主体的覚醒である。他力によらなければ凡夫は極楽往生ができない。そこで阿弥陀仏が本願の力によって浄土に往生する働きを衆生（人々）にめぐらし与える。阿弥陀仏が本願を立てて真実に救おうとしている。即ち煩悩具足の凡夫こそ阿弥陀仏が救おうとしている正客・対象である。すべての人々を救おうと人々をかの浄土に呼びたもう。

信仰心、主体性に目醒める廻向体験があろう。このような慈悲心による宗教体験によって真の絶対を知り、大切な真理に目醒める。

設問四、われらの人生が終わって没する時、人間は一体どうなるのであろうか。

人生を常住だと思い込み、無常観を欠き感知しない人生観は、浅はかな考えであろう。人の世の真相を見破ったものではない。凡そ人に生まれた事実があれば、必ず人生の終焉を免れることはできない。刻々人は死に近づきつつある。お金をたくさん持っていれば何でも自由になると思っても、決して地位や権力は寿命に対し万能ではない。生まれてから一日一日と死が近づいてくる。生老病死の人生行路であろう。

無我夢中に暮らして少々余裕ができる頃、早や五十歳近くになり夕日が迫る有様である。財産、家に恵まれ事業に成功した人もその有限の人生に変わりはない。

人は死ねばそれっきりで未来などない。火が消えたようなものである。人の死後は無であると考える人たちもいる。

五尺の身の八十歳の寿命を以てこれが自己であり、精神は永久滅することなくこの世に活動すると、精神上に於いてこの勢力不滅の原則が存在すると考える人生論もあろう。

設問五、人生のゆくえを問う

釈尊、提婆、聖人、盗賊、仏、悪人と生存中の業績を差別するが、死んでしまえば同じく無に帰するとするならば、承知できない話ではないか。人間の死後無なりと考えることはできない。人生において為した行為の善悪に従ってそれぞれ差別の結果を得てこそわれらの情を満足させるのではなかろうか。

人生の終局においては、自己が生涯為した行為の業因にひかれて来世の果を招き永久に不滅である、過去・現在・未来の三世を通じて因果の関係があると「三世因果の説」が語られる。

過去・現在・未来の三世にわたって因果の連鎖が存在すると仏教は諭す。過去の因により現在の果を生じ、現在の因によって未来の果が生じる。

原因があれば必ず結果があり、結果があれば必ず原因があるというのが因果の理である。あらゆるものは「因果の法則」によって生滅変化する。善悪の行為には必ずその報いがある。因果応報の理法は存在しないと考えて、それを無視し否定する人がいるならば、因果撥無の誤った人生観の人となろう。

人間の為す行為は業《ごう》という。身・口・意によって為す善悪の行為が後に何らかの報いを招く。前世の善悪の行為、所業によって現世に受ける報いがある。因果関係と結合して前々から存続し働く一種の力とみなす。不思議な働きを示す業の力である。自業自得果である。

自らの為した行為によって自ら苦楽の果報を受ける。よきにつけ悪しきにつけ、自分が行った行為の報いを自分が受ける。すべてのものを因果の法則が支配し、善因には善果、悪因には悪果が必ずあるという「因果応報」の果を伴った正しい見解は、世のため人のため善い行いを行った社会貢献型の人の人生と、悪い行いに終始し人生を終焉した人とはなぜ差別はないのであろうか。

善趣《ぜんしゅ》という仏教語がある。善の報いを受けて生まれる世界で、楽な生存をいう。六道のうちで楽しい生存領域のうち修羅・人・天の三善道に、善き業因によって趣く、よき国の門をくぐる。この世で善を修して浄土に生まれる善人、上善人もいる。

人には善悪の行為によって趣き住む六つの迷界がある。六道の間を生まれ変わり死に変わり、輪廻の迷いの生を続ける。地獄・餓鬼・畜生・修羅・人・天の六道である。

㈠地獄・奈落は現世に悪善を為した者が死後に苦楽を受ける所であり、閻魔が主宰し鬼類が罪人を呵責、叱り責める。非常に苦難な境地である。亡者が地獄で苦しみを受ける光景を描いた地獄図もある。

「地獄極楽はこの世にあり」。善悪の行いの応報がこの世でもはっきりとあらわれる。危機の時に思わぬ助けにあったことを地獄で仏という。「地獄の沙汰も金次第」金力万能という諺もあるが、これは本当であろうか。

㈡餓鬼道は、飲食することができず常に飢餓（飢え）に苦しむ。この世に存在する。

㈢畜生道　行為に導かれ畜生道に生まれる。義理や人情、知恩を感じぬ人たちもいる。生前に悪業を為した者が趣く世界であるが、禽獣の姿に生まれ苦しむ。人に養われて生きる畜生に生まれるという。

㈣修羅界　阿修羅道

あらそい闘争血なまぐさい戦乱、勝ち負けを争う激しい闘争、激しい争いのある世界、修羅道である。

㈤人間　人界は、人間の住む世界、人間界である。

㈥天　天上に住む神々神々の住む領域であるが、尚、生死輪廻の内なる存在とされる。人々は、三界六道に迷い、生死を重ねてとどまることなく、迷いの世界を生き変わり死に変わり流転転生、同じことを繰り返す。執着心も深い。

人間は業（行為）によって六道輪廻に趣くと仏教思想は考える。従って善業を行う者、生涯悪業のみを作った者とは趣くところが違うと考えられている。平生業成、行為が人生を形作るというのは間違いないであろう。自らに責任がある。

十悪を行わない十善戒を仏教は説く。

十善戒は十善を保つための戒律である。仏者の守るべき仮名法語『十善法語』十二巻を一七七四（永安三）年慈雲尊者飲光《おんこう》は内外の聖典儒書を引いて説いた。

十善とは

一、不殺生　生き物を殺すなかれ

殺生は悪事の一つである。生き物いのちあるものの生命をむやみやたらに殺害する重罪である。仏教は殺生禁断を強調し放生をすすめる。禽獣魚鳥の捕獲・殺害を禁ずる。殺生↓偸盗↓邪淫により殺人事件もおき「殺盗婬」毒殺、殺意もおこる。殺父母は、最も重い罪である。親を殺す殺人者もいる。農園のイノシシや害獣被害もある。それでも不殺生か。命尊し、人命救助の思想もある。殺生・不殺生の善悪の行為は現生にその結果を誘導する。人間同士は決して殺しあわない。生命を愛護し育成する不殺生思想である。

二、不偸盗　人の物を盗まない

物を盗むなかれ。窃盗犯罪である。刑法にもふれ人生をだいなしにする。悪因は悪果を招くであろう。人に与え施すという布施慈善が大切であると諭す。

三、不邪淫　男女の道を乱すなかれ

不倫である。誤った性行為、性道徳を守ることを勧める。みだらな性交は性病を拡げることもあろう。芸能人の不倫がよく話題になり仕事を失うこともよく目にする。

四、不妄語　偽りを言うなかれ

うそをついてはいけない。詐欺は、いつわりあざむく。人をだまし財物などをだまし取る行為も不妄語に始まる。

五、不綺語　ふざけたことばを言うなかれ

ざれごと、ふざけた言葉、冗談たわむれごとを言うなかれ

六、不悪口　悪口を言うなかれ
他人を悪く言わぬ戒めである。粗暴な言を発して他人をののしらないこと。徳を失う。壁に耳あり悪口は必ず本人の耳に入る。
七、不両舌　仲たがいさせるようなことを言うなかれ
二枚舌を使わない。他のなかごとを言わぬこと。離間相互の仲をさく、仲たがいをさせる悪口の戒めである。
八、不貪欲《とんよく》　貪るなかれ
一切をむさぼり求める。ないものねだりである。足りることを知ること。
九、不瞋恚《しんに》　怒るなかれ
怒りの心を起こさない。怒りの心をしずめ心に平安と寛容と愛情を保つこと。怒るなという戒め、積極的にいつくしみ愛する慈悲の心に通じる。
十、不邪見　人間生存の理法について誤った考え、よこしまな見解をいだくなかれ。仏あることを信じ、法あることを信ずる。
十善業・十悪業の行為の人生には自業自得による差別があり結果が違うというのである。

行いは関係ないと考える因果撥無《いんがはつむ》の人生観は戒むべきであろう。

戒律（道徳、規範）は大切であり、ただしそれを守れるかどうかは、現代人の宗教観・人生観・倫理観にかかわる問題であろう。

仏教の人生観
和こそ繁栄の根本
廃仏毀釈と戦争への道

一八六八（明治二）年廃仏毀釈がおこった。神仏分離令により、仏法を廃し、仏教の教えを棄却し、寺院や仏具を始め経典等を破壊する運動がおこった。国家神道復活を目指す国学者たちの権力者為政者への働きが背後にあった。歴史的伝統のある古代中世の仏教寺院の宝物も焼かれ文化財も喪失した。国学者たちの神道復活、神の国の思想は日清・日露・第二次世界大戦へと舵取りを為政者に進めさせ、わが国は原爆投下による敗戦終戦を迎える。

廃仏毀釈の動きは、戦争への道を進め大量殺人（犠牲者）や平和に対する罪を犯した。

「和顔愛語」（『無量寿経』）にはやわらかな顔色とやさしい言葉、親愛の情のこもったおだやかな言葉で人に接すること。いつもにこやかな和顔、つまり和合衆、人々が仲良く暮らすこと、一つの目的に向かって和をもって協力して進むチームワークの大切さを教えている。

協力、調和、人々の心がやわらいで協力すること

聖徳太子（五七四〜六二二）の（十七条の憲法）には「和をもって尊しとなす」と、和、仲よきことを日本仏教導入の心としている。「篤く三宝を敬え、三宝とは仏法僧なり」内外の学問に通じ深く仏教に帰依・仏教興隆に力を尽くし法隆寺を始め多くの寺院を建立し『三経義疏』を著して、日本の夜明け仏教興隆を願った。

戦争のない安穏な世を願う平和の大切さを諭す仏陀の偉大な教えを日本に導入したのである。

仏教の教えを軽んじ戦争をしてみて国土が焼け野原となり大勢の犠牲者、尊い命が失われ和の尊さを国民は知った。国家の繁栄も発展も平和ありてのことで、戦争や不和は家庭や世の中万般を崩壊してしまう。

仏教は和（平和）を大切にする文化であり、仏教諸神の再興とは戦争のない平和の世の推進であろう。

戦争という誤りを犯し犠牲者を偲び、平和を大切に思わない人はいないであろう。

ここに実は仏教の和の心があろう。

人生の目的はそもそも何であるか。

経済第一、お金を稼ぐこと、貯めること。とかくお金持ちが尊敬される資本主義諸国であろう。特にアメリカの風潮は、経済力が無いと惨めである。お金持ちは、尊敬される社会であろう。潤いのある豊かな生活は望まれるところであろうが、人生の目的は何か。問われるところである。

一つの回答として、自らの徳を発揮し社会に貢献すること。

徳とは人を感化する人格の力である。身についた品性、善い行いをする性格、道を悟った立派な行為であろう。特技、持ち前を発揮し、忘己利他の行いに努める。

世の中が索漠とし大切なものが忘れられ、仏教文化の伝統や精神文化の荒廃が拡大しつつある現代社会のように映る。

古代から中世・近世・近代・現代に至る日本の歴史における仏教文化、思想を離し、除いたら何が残るか。日本は仏教文化の伝統のある国であり、国宝をもつ仏教国であることを忘れてほしくない。

人間というものは怠惰放漫になりやすいものである。種子を蒔くと芽を出すという明白な道理をわきまえぬ人、それが判らぬ愚人も多く生存し愚の骨頂を極めるであろう。因果の理を知って奮励努力、勤勉ということを忘れて安心立命もないであろう。いい加減、物事に真剣味が足りない現代人——。善事を働けば必ず善い運が来る。悪事を働けば必ず悪果が出るこの因果の道理を知り努力奮闘することが大切であろう。

人生の活動の原動力を仏教信仰に求め、その道に生きその信仰力で夢を達成することができたら最高である。

仏教の尊き道理を人生観とし、釈尊の深い慈悲心を朝夕念頭に浮かべ反省し、日々向上心をもってねてもさめても報恩謝徳の心で合掌の生活をし感謝の生活をする。

家ごとに仏壇を安置すること、信は荘厳より起こる。感化を与える仏壇に礼拝し親の恩を思う。師恩を思う。仏恩に感謝し自己を反省する。

毎朝仏に礼拝し、語り、誓願する仏礼拝において、仏事の礼拝供養、施物の心もおこる。我らの精神を養育し、心垢を洗除する最良の方法に目醒めもあることを悟ってほしい。千里の堤も蟻の一穴から崩壊するという。戒定慧の三学仏教を学ぶことが大切であろう。しかし仏教、仏のその教えは信仰すべきものであろう。

第二節　仏性論

仏性は、すべての人間に具わっていると大乗仏教では考える。覚者になりうる可能性であり、人々には本来さとりを開くべく心、性質が具わっているという仏性論である。

目ざめし者になる可能性　仏性論

大乗仏教では、すべてのものに仏となる可能性としての因子、仏性がそなわっているという。

ａ　人々の中に一分の仏性無き者有り

ｂ　一切の衆生に仏性がある。

仏性の諍《あらそ》い、主張論争があった。

法相宗の徳一はａ、天台の最澄はｂの立場をとり、以後長く両宗の間で争われた。

応和の宗論としてよく知られている。

親鸞聖人はこの身には寸分の仏性のあるを見ずと歎いた。

「信心よろこぶその人を、如来とひとしとときたまふ。大信心は仏性なり、仏性すなはち如来なり」

仏性は自分の内にあるものではなく、如来より賜わりたる廻向である。如来廻向による主体性の目覚めであると、報恩謝徳の思いを述べる。

自力は無効であると語る。

つまり、他に向いていた心を浄土の教えに向け極楽安楽に向かう。仏の教えによって悪い心を改めて正しい道に入る廻向、「一向専修のひとにおいては廻向ということただひとたびあるべし」(『歎異抄』第十六)それは阿弥陀仏の本願の力の賜物であると他力廻向を説く。

仏性論の導火線は、一切衆生《いっさいしゅじょう》悉《しつ》有《う》仏性《ぶっしょう》にあった。

この世のすべての生あるものは、仏になる可能性、因子を備えているという思想である。

「草木国土《そうもくこくど》悉《しつ》有《う》仏性《ぶっしょう》」(あるものすべて草や木や国土でさえ仏になる可能性因子を備えている)

悉有仏性、有情成仏《うじょうじょうぶつ》、悉皆成仏《しっかいじょうぶつ》思想は草木にも仏性がある。衆生成仏する時、草木も成仏すると大乗仏教では説いた。

私たちには内面に、仏になる一分の可能性、仏性も具えていない。

すべて阿弥陀仏の本願の力による他力廻向であると二種廻向論つまり、人々が浄土に往生する「往相廻向」と浄土に生まれた者がこの世に戻って世の人々に浄土往生を勧め教え導き浄土に向ける「還相廻向」廻向論を説く。

廻向発願心は、浄土に生まれる為の願いをおこす

一、至誠心《しじょうしん》　仏を信ずる汚れない真心《まごころ》、阿弥陀仏を信じ極楽往生を願う心

二、深心《じんしん》　深い信仰心、心の底から深く信ずること

三、発願心《ほつがんしん》　浄土に生まれようと願いをおこすこと

念仏者が必ず起こさねばならぬ三安心は、阿弥陀仏のはたらきであると解した。心の底から誠の心をもち念仏することこそ念仏者の在り方である。

善導は、深心について二種を説き

一つは、自身は罪深い凡夫であって出離の縁はないと信ずること

二つは、阿弥陀仏は、必ず救ってくれると信ずること「罪深い凡夫」往生観を語る。

戒律の禁制に触れる破戒者の罪ではなく、心を煩わし身を悩ます心の働きをもつわれらである。煩悩を心身に具える「煩悩具足の凡夫」のわれらは、愚かな無知の者と言える。仏の教えの真実を知らない「無明の者」である。

修行らしいことを何一つできない愚か者であるが、念仏一筋で極楽に往生できる。凡夫往生が説かれる。

法然上人の聖道浄土の二道、親鸞聖人は「二雙四重の判定」をし、教判を行った。「教相判釋《きょうそうはんじゃく》」は、釈尊が生涯に渡って説いた数多くの経典を形成・内容・順序・教義内容・意味の上から分類し体系づけ価値等に言及したもので、自分の宗義こそ仏の真意を把握したもの、依り所として経典や教義の内容の優れた点を強調する傾向を生じ、それが宗派成立の重要な意義にもなった。

二雙四重の教判

親鸞聖人は、釈尊一代の教えを聖道門（竪）と浄土門（横）、横とたての二雙に分類し、この二つをそれぞれ出と超に分けた。方便の出、竪に竪出《じゅしゅつ》と竪《じゅ》超《じゅちょう》、真実の超、横に横出《おうしゅつ》、横超《おうちょう》の四重をたて、この竪は自力であり、浄土真宗は他力横超であるとする。横は他力を意味し横竪《おうじゅ》の横は頓《とん》（修行の階段を経ないで一足とびに悟りをひらく）竪《じゅ》は漸《ぜん》（長い間修行を積んだ後に悟りに至る。やさしい教えから深奥な教えに次第に進み入らせる）の意味であり、修行による悟りを得るまでの遅速をいう。

自力聖道門と他力浄土門を竪《じゅ》と横《おう》に位置づけ、浄土門の横をさらに横出、横超に分けた。

横出は、一つ一つ段階を踏んで悟りに至る教えをさす。横超は、一足飛びに煩悩を断って浄土に往生するという。

阿弥陀仏の本願により極楽浄土に往生することを約束する絶対他力であり、悟りに至るもっとも近い道であるという。

竪出《じゅしゅつ》の出は、順次段階を経てのぼって行く自力聖道門の修行法である。

浄土真宗、親鸞聖人の教えは阿弥陀仏を十念することによって浄土に生まれることを説く横超である。

天台宗のような自力の教えは、竪超に当る。したがって竪出は、自力聖道門の歴劫修行によって悟りを開く教えということができる。

やっかいな凡夫の妄分別《もうふんべつ》　我執《がしゅう》

現代社会で世間一般の世俗な人間生活を送っている私たち人間は、聖人君子ではないようである。

知識、人徳、地位、品格すべてを兼ねそなえた理想的な人間、完璧な人間、とてもそのような人にはなれないであろう。

なれっこないという凡夫の思いもあり、ありのままの認識として、凡夫という存在の方が正しいように思える。

凡庸な人間であろう。仏教の教えを知らぬ凡愚である。煩悩に汚れ迷っている愚か者である。

この凡人である私たちは、日頃やっかいな分別我執をもつ。物事の道理、善悪、損得等を考え理解する。我執は自己の見解にとらわれる自己中心の考えに執着する。我見である。あれこれと思いめぐらす。誤った認識、妄執である。私たちは真理に反する分別する心をもち、分別と妄想はほぼ同義であるが、外的な事物に執われた断定をする。

主体は、他に働きかけるもとになる性質、状態働きの基になる本体である。人間は智（智慧）情（同情）意（心の働き）即ち智・情・意の働きの統一体としての実体があろうが、その主体が客体の主観作用、人間の意志行動の対象、存在の対象となるものにみだりに執られる。思い込んで離れられない。時としてその考えから抜け出せない。

客体は、人間にかかわりなく独立して外界に存在する事物であり、人間精神以外の物質といえる。

誤った認識、妄分別は、妄想である事実や経験の裏付けのないことを信じ込み根拠のない判断をする

正しくない考えを仏教語では妄想「もうぞう」と読む。

思考の障害は、主として誤った病的な確信、被害妄想、誇大妄想に及ぶこともある。

主観的な妄想作用である。

外的な事物に執われた断定は「自力のはからい」であると親鸞聖人は指摘する。自力の考えによる処置、計らうこと。主観的な誤った認識妄想である。

このような人間、凡夫が如何に救済されるか。

ここに人間救済道の重要な論点があろう。

信仰心、信心は仏から与えられるものと解し、仏のまごころを与えられることによって、仏にすべてをまかせきって救われようと願う。

浄土に生まれたいと願う。

念仏以外のものは認めず、弥陀仏の信楽の心を中心にして教えを信じ喜ぶ。

阿弥陀仏の与える廻向心、真実信心であり、第十八願、念仏往生の願いをわれらの救済の根拠とするのである。阿弥陀仏信仰の心、信仰心の依り処は実はここに鍵概念がある。

第三節　親鸞聖人の釈尊観

親鸞聖人は、仏教の開祖釈尊をどのように崇敬しておられたのであろうか。親鸞聖人の釈尊観について見てみよう。

私共がよく知る主著『教行信証』（顕浄土真実教行証文類）行巻の末尾に「帰命無量寿如来」に始まる「正信念仏偈」がある。百二十句にわたる韻文は親鸞聖人の信仰の骨格であると、蓮如上人は「正信偈」を門徒の朝の勤行に採用し、今日最もよく知られたお聖教であると言える。

その「正信偈」には釈尊について「釈迦牟尼如来のこの世に出でたまえるはたゞ弥陀の本願の広大なるを説かんがためである。けがれ多き悪しき代に生をうけし諸人たちは釈迦牟尼如来のまことなる言葉を信ずべし…かの印度西域の学僧たちも、また中華日域の高僧たちも、釈迦牟尼如来が出世の正意をあらわし、かつ、弥陀の本願の今人に相応せることをあかす。かつて釈迦牟尼世尊は楞伽の山にましまして、もろびとのために告げて説きたまえり」と語る。

竜樹《りゅうじゅ》・世親《せしん》菩薩・曇鸞《どんらん》和尚・道綽《どうしゃく》禅師・善導《ぜんどう》・源信《げんしん》・本師源空《げんくう》上人の七高僧の功績を讃え「されば今の世の人々は出家在家を問わず心を同じくし、たゞこれら高僧の説きたもうところを信ずべし」と思慕の念が語られる。

愚禿親鸞作の「浄土和讃」三六首は、三つの和讃群（和語のほめうた）「大経意」二二首、「観経意」九首、「弥陀経意」五首のいわゆる浄土三部経のこころ、和讃、和語讃詠が語られる。

親鸞聖人が和讃の製作を始めたのは、京都に隠棲の後の七十六歳頃から八十六歳の頃にかけてであるといわれる。

「浄土和讃」宝治二（一二四八）年、初稿一一六首

「浄土高僧和讃」宝治二年初稿一一七首

「正像末法和讃」正嘉二（一二五八）年、初稿九二首、夢告和讃一首を含む

平安時代から漢語をもってしるされた経・論・釈の要文を和語をもってやわらげ、ほめうたとして翻したもので、親鸞聖人の和讃、いわゆる「和語のほめうた」は多く、合わせ

て三帖和讃は三二五首に及ぶ。

九十歳の長寿で涅槃に入られたが、晩年十年間の愚禿親鸞作の三帖和讃である。

まず光り輝く世尊の威光が讃詠される。

「尊者阿難座よりたち
世尊の威光を瞻仰し
生希有心とおどろかし
未曾先とぞあやしみし」（「大経意」一首）

意訳

その時、弟子侍者としてつねに釈尊の身近に給仕した阿難はたちあがり、世尊の威光おごそかな光を仰ぎつつ、いまだかつて見たことのない、まれにありがたき心、神秘な仏の類いなきすぐれた光を何なのかなと不思議に思った。

「如来の光瑞希有にして

阿難はなはだこゝろよく
如是之義ととえりしに
出世の本意あらわせり」(「大経意」第二首)

意訳
如来の光り輝く相、希有なれば、阿難はなはだ気分がよく、かくのごときの義いかなることと問いたてまつるに、釈尊のこの世に出でたまえる本意をおあらわしになった。

本文
大寂静にいりたまひ
如来の光顔たへにして
阿難の慧見みそなはし
問斯慧義とほめたまふ(「大経意」第三首)

意訳

世尊は、禅定の境地である大寂静に入りしずかに座したまい、仏の柔和な顔にてたたえつつ、阿難尊者の問い賜いし、すぐれたる智慧による識見をご覧になりおほめなすった。

本文

如来興世の本意には
本願真実ひらきてぞ
難値難見とときたまひ
猶霊瑞華としめしける（「大経意」第四首）

意訳

如来出世のまことの意味は、弥陀の本願の真実を開顕し、その遇いがたく見がたきことを説き賜いて、優曇華のごとし似たりとお示しになった。

次に『観経』の意《こころ》の和讃である。

本文

恩徳広大釈迦如来
韋提夫人に勅してぞ
光台現国のそのなかに
安楽世界をえらばしむ（「観経意」第一首）

意訳

世の人を救おうという釈尊の救いの働きによる恵みは広く大きく、極めて勝れていて、マガダ国王ビンビサーラが、后の子の阿闍世に幽閉された時、釈尊に阿弥陀仏の極楽浄土を説くように請うたが、その韋提希夫人にのたまいて、釈迦如来の御光、仏の光の放つ光のなかにさまざまな国を現じ、安楽浄土をえらばしめた。

本文

弥陀釈迦方便して
阿難《あなん》目連《もくれん》富楼那《ふるな》韋提《いだい》
達多闍王頻婆娑羅
耆婆月光行雨等（『観経疏』第六首）
大聖おのおのもろともに
凡愚底下のつみびとを
逆悪もらさぬ誓願に
方便引入せしめけり（『観経疏』第七首）

意訳

弥陀と釈迦は方便手だてをして、阿難、目連、富楼那、頻婆娑羅、韋提希、阿闍世、提婆、耆婆、月光、行雨など

釈尊おのおの彼ら諸人に、凡愚底下卑賤の凡愚の五逆の罪人も、救いもらさぬ誓願に方

便引入なすった。

本文

釈迦韋提方便して
浄土の機縁熟すれば
行雨大臣証として
闍王逆害興せしむ（「観経疏」第九首）

意訳

釈尊、韋提希夫人に手だて方便して、阿弥陀仏の極楽浄土の正しい教えを求める資質、縁、きっかけが整い機会が十分整ったので、行雨大臣が阿闍世出生の秘密を証言して、阿闍世の逆害をおこさせた。

諸経意、弥陀仏和讃九首が続く。

本文
久遠実成阿弥陀仏
五濁の凡愚を仏あわれみて
釈迦牟尼仏としめしてぞ
迦那城には応現する（「諸経意」第二首）

意訳
久遠の昔に真実の悟りを成就して仏となられた阿弥陀仏は、世の中の五つのにごりをもつ平凡で愚かな人をあわれみて、釈迦牟尼仏と他の者にわかるように、はっきりと指さし、マガダ国の都の城、迦那城にお現れになった。

本文
大聖易往とときたまふ

浄土をうたがふ衆生おば
無眼人とぞなづけたる
無耳人とぞのべたまふ（「諸経意」第四首）

意訳
釈尊のお説きになった往きやすい易往の浄土を疑う衆生をば、物事を正しく捉えない、執着の心を抱いて物事を理解する無眼人、聞く耳をもたない無耳の人とお述べになった。

「浄土高僧和讃」
道綽禅師付釈文の七首が続く。

本文
末法五濁の衆生は
聖道の修行せしむとも

ひとりも証をえじとこそ
教主世尊はときたまへ（「道綽禅師釈文」第三首）

意訳
釈尊の入滅後、仏の教えがすたれ、教法だけが残る末世の濁りはてた世の人々は、仏の悟りを得るのに自力でこの世で悟りを得ようとする修行を修めても、ひとりも正法を修得して真実の理を体得する真実のあかしを得ぬと、教主釈迦牟尼仏はお説きになった。

「善導禅師付釈文」二十六首

本文
釈迦は要門ひらきつゝ
定散諸機をあはれみて
正雑二行方便し

ひとえに専修をすゝめしむ（善導付釈文第四首）

意訳

釈尊は、浄土に生まれるための肝要な道を開いて、定善による観想、散善、廃悪修善の散乱の心をあわれみて、仏の教えによる正しい行為、菩提心を発した称名念仏の正行と阿弥陀仏以外の仏・菩薩の名を称える等、仏道修行をまじえて行う雑行の二行の真実を顕すために、仮に手だてとして説かれた教えとし、ひとえに専修念仏をおすすめになった。

本文

娑婆永劫の苦をすてゝ
浄土無為を期すること
本師釈迦のちからなり
長時に慈恩を報ずべし（「善導付釈文」第二十六首）

意訳

さまざまな煩悩から離脱できない人々が、苦しみに堪えて生きる堪忍の世界の苦を捨てて、阿弥陀仏の極楽浄土、仏の悟りへの道を期することは、本師釈迦牟尼仏のちからなり。いつまでもいつくしみの恩、あついなさけ、慈恩を謝し報ずべきである。

「源信大師付釈文」十首

本文

本師源信ねむごろに
一代仏教のそのなかに
念仏一門ひらきてぞ
濁世末代すゝめける（「源信大師付釈文」第三首）

意訳

源信和尚懇切に、釈迦一代の教えのその中に、念仏一門をおひらきになり、濁りけがれはてた末の代にすすめたり。

本文

霊山聴衆とおはしける
源信僧都のおしえには
報化二土をおしえてぞ
専雑の得天さだめたり（「源信大師付釈文」第二首）

意訳

釈迦牟尼仏が霊鷲山にて『無量寿経』を説いたその会座につらなりありし源信の教えには、報土（真実の浄土）と化土（仮の浄土）をあかし、専修のまされることと雑修のおとれることを分かち説いた。

正像末法和讃五十八首

正像の二時はおわりすでに末法に入れることと歎く。末法によく弥陀の本願にあうを得た喜びをうたう和讃である。

本文

釈尊かくれましまして
二千余年になりたまふ
正像の二時はおわりにき
如来の遺弟悲泣せよ（「正像末和讃」第一首）

意訳

釈尊入滅後、二千余年すぎさりぬ。正法のよくおこなわれる正法の時代と、正法の時が過ぎ去って教えや修行が行われても悟りが得られなくなった時期、像法の時代の二時はおわってしまった。釈尊滅後に残された教えを奉ずる弟子たちよ、悲しみて泣きなさい。

本文

末法五濁の有情の
行証かなはぬときなれば
釈迦の遺法ことごとく
竜宮にいりたまひにき（「正像末和讃」第二首）

意訳

世に生を受けている人、生存するもの、修行をして悟ることが叶わぬ時なれば、釈迦牟尼仏の教えの真髄はことごとく海の底の竜宮に入り隠れてしまった。

本文

像末五濁の世となりて
釈迦の遺教かくれしむ
弥陀の悲願はひろまりて

念仏往生さかりなり（「正像末和讃」第七首）

意訳

像法と末法の五つの濁りの世になって、釈尊の説き残した教えは隠れてしまった。弥陀の悲願はひろまりて、阿弥陀仏を信じ一心に念仏を唱えて極楽に往生する念仏往生はさかんである。

本文

弥陀釈迦の慈悲よりぞ
願作仏心はえしめたる
信心の智慧にいりてこそ
仏恩報ずるみとはなれ（「正像末和讃」第三十三首）

意訳

弥陀如来、釈尊の慈悲により、仏になろうと願う心はえられたり。信心の智慧に入りてこそ仏恩報ずる身とはなれ。

本文

真実報土の正因を
二尊の御ことにたまはりて
正定聚に住すれば
かならず滅度をさとるなり（「正像末和讃」第四十二首）

意訳

まさしく浄土往生の正因である信心の念仏を、釈迦と弥陀の二尊にいただきて、仏果を得ると定まった正定聚に住すれば、往生が定まって必ず悟りを開くことができる真実信心を得、さとりにいたるなり。

本文
釈迦の遺法ましませど
修すべき有情なきゆへに
さとりうるもの末法に
一人もあらじとときたまふ（「正像末和讃」第五十五首）

意訳
釈尊の教えはありとても、修すべき有情なきゆえに、さとり得る者は末法に一人もあらじとお説きになった。

本文
他力の信心うる人を
うやまひおほきによろこべば
すなわちわが親友ぞと

教主世尊はほめたまふ（「正像末和讃」第五十七首）

意訳

他力の信心をよく聞いてうる人をうやまひ、おほいに喜ぶその人々は、わが親友、善き友、善智識とおもうぞと、教主世尊はほめたもう。

愚禿述懐二十二首

本文

ときに慈氏菩薩の
世尊にまふしたまひけり
何因何縁いかなれば
胎生化生となづけたる（「愚禿述懐」第十四首）

意訳

その時、弥勒菩薩の世尊の問い申し賜いけるその因縁いかなれば、胎生仏智と疑惑の人の往生の仕方と、まことの信心のある人の往生の仕方、ただちに弥陀の浄土に生まれる化生の別があると名づけている。

親鸞の釈尊観である。

第三章　健康長生の智慧

「人生僅《わず》か五十年」。人の一生はきわめて短い。「人間僅か五十年」「人生七十古稀《こき》稀なり」七十才古稀まで長生きする人はきわめて希である。「朝露《ちょうろ》の如し」とこの世で生きる人間の一生その人生は、はかなくもろいと昔の人は人生訓で諭した。

二十一世紀の今日の日本は世界最長寿国である。一九四七年（昭和二十二年）当時は男子五十歳、女子五十四歳の平均寿命であった。それが平成二十三年、男性八〇・七九歳、女性八七・〇五歳、さらに百歳以上の長寿者が六五六九二人（平成二十八年九月十三日現在）ご存命である。高齢社会の日本である。

医療技術の進歩それに西洋食でない日本料理が長寿の源と今世界の注目を集めている。鎌倉時代の祖師たちの一生はどうであったか。その生き方に興味が注がれる。

祖師の一人道元禅師（一二〇〇～一二五三）は、比叡山で学び栄西に師事し一二二三年二十三歳で入宋、如浄より仏教の真髄を学び二七年帰朝後京都深草に興聖寺を開き仏法を弘めた禅師である。四四年には越前に永平寺を開いた。

『正法眼蔵』『永平広録』等の著述もある。五三歳のご生涯であった。

栄西禅師（一一四一～一二一五）は最初比叡山で天台・密教を学び一一八七年四六歳の時再度入宋、禅師懐敞に禅を受け、博多に聖福寺、鎌倉に寿福寺、京都に建仁寺を建立。『興禅護国論』『喫茶養生記』の著述を著した。七四歳のご生涯であった。

日蓮上人（一二二二～一二八二）は安房小湊の人である。十二歳の時清澄山に登り十六歳で受戒、蓮長と称し各地に修行して『法華経』に仏法の真髄を見出し、一二五三年三十一歳の時日蓮宗を開いた。

辻説法を行って他宗を攻撃し（教相判釈）『立正安国論』の筆禍により伊豆伊東に流された。

赦された後も言動を改めず鎌倉竜の口で斬に処せられることになったが、免れて佐渡に流された。七四年赦され鎌倉に帰り、身延山を開いた。武蔵国池上にて入寂、六十歳の生涯であった。『観心本尊鈔』『開目鈔』等を著した。

浄土門の法然上人（一一三三～一二一三）は、比叡山で皇円叡空にて天台を学び四三歳の時、専修念仏に帰し迫害と戦いながらも浄土門の法門を開き、東山吉水に草案を結んだ。承元の法難により讃岐に流されたが一二一一年帰洛、八一歳の生涯であった。『選択本願念仏集』などの名著がある。

鎌倉時代の祖師たちのその生涯を見ると、道元禅師は五三歳の生涯、栄西禅師は七四歳、日蓮上人六十歳、法然上人八十一歳、親鸞聖人は九十歳。それぞれの人生で活躍をし後世に大きな足跡を残している。ちなみに紀元前の歴史上の人物釈尊は八十歳のご生涯であった。

今日のように飽食の時代でなく粗食である。交通機関もなく船こそはあったであろうが、わらじで陸路を歩く諸国行脚の旅であり、決して恵まれた豊かな時代社会ではなかった。にもかかわらず、大器晩成を成し遂げ歴史上にその足跡を残す開花結実の人生は、一意専心、質のよい人生を貫いた精神の力もあろう。

蓮如上人は八十五歳の生涯にあって御文（章）にて伝道をなされた。『蓮如の生き方に学ぶ』（北國新聞社　拙著）その生き方には学ぶ叡智も多い。

九十歳まで生きた親鸞聖人

八十五歳の御生涯、子どもの多い蓮如上人も生老病死の人生行路を歩んだものの「認知症」には無縁な老後であった。私たちが生涯健康に恵まれて、自然法爾に老死を迎え天寿を全うする人生にはいかなる生き方、暮らし方があるのであろうか。現代人に人間としての何か大切な生き方の叡智があるのではなかろうか。

認知症予防・治療の視座から鎌倉の祖師の中で最も長生きをなさり老衰にて生涯を終えられた親鸞聖人の生き方にヒントを求めたいと願った。

二〇一三年、私は『晩年の親鸞聖人　高齢者の生き方を学ぶ』（国書刊行会）を著した。晩年いかに生きたらよいか。先人の叡智を尋ねた。

四三九万人もの高齢者が認知症で病んでいる現代社会、古稀を迎えた私も母同様アルツハイマーになる可能性があるかもしれない。健康に恵まれて長寿な人生を過ごす、認知症を防ぐ予防法はないのだろうか。

そこで心に浮かんだのは、信仰心を持つこと、信念の深さである。

昔の人は、結核を患い生死をさまよった。療養治療の間にベッドで宗教書等を座右の銘とし生と死の人生を洞察する機会に恵まれた。

現代は多忙で自分自身を見つめる静寂な時間も失われがちなコンピュータ社会である。

宗教や哲学に接する社会環境の不在も手伝い、信仰心が希薄な社会と言える。強固な金剛の信念をもって生きる信念の人が少ない。

不老長寿の秘訣

認知症治療についてはエマニチュードの哲学、患者との真摯なスキンシップが有効であるとされ、シロスタゾール薬物効果も注目されている。脳のアミロイドβの研究も進む。そのような科学的アプローチと共に大切なことは信仰心を持つことであろう。

信仰心を持つこと

人は皆不老長寿な健康に恵まれた人生行路であることを願っている。

鎌倉・室町時代、いわゆる中世社会の生活は、今日と違い食生活もさながら医療も貧弱で女性が母親になる出産は命懸けであった。産後の肥立ちがよくなく、先立つ妻も多かった時代社会であった。

鎌倉に生きた親鸞聖人は、妻恵信尼との間に六人、七人とも言われる子どもたちにも恵まれ、大切な後継者である孫たちにもめぐり会っている。九十歳の天寿を全うした。

室町時代の蓮如上人は前妻四人に産後先立たれ、七十歳で若き五人目の妻をめとった。七十歳から入寂する八十五歳まで前妻四人の妻の子たち二十人に加えて七人の子どもにも恵まれ、二十七人の大家族であった。

食糧事情もよくなく他寺に子どもを預け、この子どもたちが仏道を身につけ後継者として君臨した。親鸞聖人から伝えられた念仏道を大切にし、祖師伝来の道心を正しく継承し仏道から外れることはなかった。後継者には菩提心が受け継がれ、歴史的発展を見た。

平均寿命が五十歳にも満たない時代に二人の宗教者の健康長生の秘訣は一体何であったか探究すると、並々ならぬ金剛な信仰心に鍵があるようである。


時間空間を超えた仏道が存在する。

骨なし人間でなく、道すでにあり、少々のことで揺らぐことのない金剛の信仰心に生きている。宗教的実存である。その結果「長命」という宗教的利益を獲得している。

親鸞聖人『三帖和讃、現世利益和讃十五首』に

「南無阿弥陀仏をとなふれば
この世の利益きはもなし
流転輪廻のつみきへて
定業中夭のぞこりぬ」

意訳

南無阿弥陀仏を称えるならば、この世の利益はきわまりない。流れ転って廻る罪は消えて、前から定まっている業報生存の途中で早く亡くなったり、天寿を全うせず若死することは除かれる。

人間としての天寿は定まった業報であろうが、念仏を称えるならば、若死から除かれる。「若死」は若くして死ぬこと早世夭折《ようせつ》であるが、対義は長生きである。

つまり念仏の信仰に生きる篤信者は、長生きができるという意味である。長生きの人生は有り難いが、健康長命、いつまでも元気で天寿を全うしたいものである。癌や認知症になったり老化は体失往生へと進む。

不体失往生と親鸞聖人は語る。

往生とは、他の世界に生まれることである。一般には念仏の功徳によって死後阿弥陀仏の浄土である極楽世界に往生、生まれることである。この娑婆を離れて極楽浄土へ行き蓮華化生する。往生の業、念仏為本、極楽浄土に往生する因としての業（行為）は、ひとえに念仏を根本となす。

往生浄土は、阿弥陀仏の願力によって極楽浄土・安楽国に生まれる。

この場合は体失往生である。涅槃に入り荼毘にふされ仏骨となり往生する。

親鸞聖人は不退転位、仏道修行にあってすでに得た功徳を決して失うことがない退かぬ。あとずさりせぬ不退堕を語る。

信心がゆるがず生きている人生、この人生にて極楽浄土の境遇に住するさとりの境地を語る。

夢叶う人生
夢希望に生きること
因果応報の人生

酔生夢死に過ごす人生もある。さりとて念願成就・本願成就に生きる生涯もあろう。夢は叶うが、夢希望をもって初めて夢が実現する。因果応報の人生である。

桃栗三年柿八年。種を植えて花が咲き実がなる自然の道理である。

人間としての心得

私たちが日頃生活し活動するうえで肝要なことが人生にはある。人として生まれたからにはどうしても知っておきたい「人間としての心得」と言える。

その最初は「初心忘れるべからず」という格言である。

学問、芸能どの道も初心を忘れてはならない。常に初めた当時の気持ちを忘れてはならない。常に志した時の意気込みを謙虚さをもって事に当たらねばならないという大切な教訓である。仏教では「初発心《しょほっしん》」というが、初めての悟りを求めて起す心である。

人生の夢や目標が叶うことを念じて初めてその心が生ずる時、「初発心時便成正覚（初発心の時すなわち正覚を成ず）」それがそのまま最高の仏の悟りに結びつくというのである。

「発願《ほつがん》」ともいう。神仏に願を立てることである。願うところ即ちその希望を明らかにせねばならない。

夢をもつことによってその希望が叶えられる。夢希望無くば、念願が成就するという論理構造にはない。

因果の法則、因果律であり、因《たね》を植えなければ実はならない。世は因果の法則によって成り立っていて、有因有果、無因無果の人生、因果物語が自然の法則として存在する。

心理学、哲学では「アイデンティティの形成」を問題とするが、自分の行いたい夢を明確にし行動をする主体性が大切であるという。他のものによって導かれるとしても、自ら吟味し純粋な自主性において行う「主体性が真理」であるとするのである。

不退転の決意

物事をやり遂げる為には不退転の決意が望まれる。志をかたく保持して屈しない精神力であり、どれほどの困難があっても貫き、やり遂げ、大器晩成に到る念願成就道の叡智である。

一方で退転位は退く・転がるの意味で、退転位の人生とは、修行して得た境地を失って低い境地に転落する人生、転落の人生行路である。精進努力を怠り、衰え、すたれ、おちぶれてその地を立ち退く人たちの在り方である。

途中で嫌になってやめてしまう。疲れたと物事を途中で放棄することは楽だが、退かず、あともどり、あとずさりしないことで不退転の位を得て退堕せぬ地位に住することができるのである。不退の位に住し不退の段階に定住すれば、さらに進むことのみがあって修行があともどりせぬ。不退転の決意、その信念が念願成就を決定する大切な叡智なのである。

七不退法

私たちの家庭や事業万般が発展し衰亡に向かわない為の七つの大切な事柄がある。それを実行したならば衰退することのない七つの叡智を諭している。

七不退法の不退とは、為す物事に対して退かない、退くことがない不退転の位のことである。仏道修行の過程で、すでに得た功徳を決して失うことがない境地であり、いったん達した位からあともどりせぬ、それが退かぬ位、不退転である。

不退転法はそれを行ったならば、いよいよ増進、進むことのみあって退くことがないという真理法則の認識である。

㈠しばしば集会を開き多く人が集まる（しばしば集まり多く集まる）
㈡ともに立ち上がり為すべきことを為す（僧伽にあっては僧伽の行事を行う）
㈢往昔の法に従い行動する。制定された教え法則（ルール）を守る
㈣古老を敬いその言を聞く。長老、導師を敬いその言葉を聞く
㈤宗族の婦女童女に暴力を加えない
㈥霊廟を以前の方に従って供養する
㈦尊敬され供養を受けるにふさわしい人、値する立派な行者、眞人になる。阿羅漢を保護し尊敬する（ひとり正念に住し、同行者が来ればよく律せしめる）『遊行経』

以上が事業や家庭を衰亡に向かわない、あぶなくない不危の道であり、その道が「七不退法」として示されているのである。

私たちの財産「七財（七聖財）」

仏教の財産概念は当然、仏教修行に必要な七つの財産、悟りを得る為の教えとしての七聖財である。

一、信財。信仰という財産。信仰は成仏の礎となるので財というが、信用、信頼と同意語であり、第一の重要な財産である。

二、戒財。仏教に帰依した者が守るべき行いとしての規則、道徳である。修行あるいは僧伽《さんが》入門に当たり自らに課する戒め「悪い行為をしないという誓い」である。繰り返し、しっかり身につける行いである。一度戒めが身につけば、その人の戒めの香りが無意識に犯そうとしても、薫習した内面の潜在力が働いて戒めに背く行為がなされずにすむという仏教道徳、行いの規則としての戒めである。

三、慚《ざん》財。羞恥、恥じる心である。自分が不完全であることを恥ずかしく思う。自らにも即ち法（教え）にも恥じて諸の罪を作らざる心、もろもろの功徳及び有徳の者を崇敬し犯した罪を自ら観じて恥じる精神作用といえる。

四、愧《き》財。自らの罪を他に対して恥じるそのこころである。懺悔の心であろう。

五、聞《もん》財。教えを聞いて了解する智慧。教えを聞いて信ずること、法を思惟すること。いわゆる聞いて学ぶ聞法のことである。

六、施《せ》財。施は、ほどこすこと。恵むこと。与えること。即ち布施である。布は、心があまねくゆきわたること。施は、人に恵むこと、施には財施《ざいせ》、法施《ほっせ》、無畏施《むいせ》の三種類がある。施設の略でもある。学校や幼稚園、老人ホームをつくり人々に教育や対人サービスを施すことも施財に当たるであろう。

七、慧《え》財。慧は、道理を選び分け、判断する心作用である。事物や道理を識別、判断、推理する精神作用であり、日常生活に現れる認識作用である。叡智、智慧、さとり、知的理解、悟りを得るに不可欠な最も大切な徳性である。智（jñāna）真実の道理をありのままに見ぬく働き、その智慧を磨くことが大切である。

私たちは念願成就する為にも、悟りを得る為にもこの七つの財産を大切にして生き甲斐を見出す必要があろう。

第一節　豊かな生活を実現する教育道

窮乏化を脱出して豊かな生活を実現するのに何よりも大切な教育の道

五〇年少々前の話であるが、盛んに「教育立国」と政治家が演説し、東京オリンピックの準備に多忙な首都東京は、高速道路首都高が整備され、新幹線工事が進みスモッグの解消も都市社会学の課題にあった。

愛知県豊田市から東京遊学のため一人上京した私は一八歳、高校を卒業したばかりの丸坊主頭の三河弁をしゃべる田舎風の学生であった。四当六落という受験戦争の中、京都へ行く同窓生もいたが、東京遊学を選んだ。

昭和初期に学んだ父と同じ東洋大学入学を勧められ、父の希望、社会福祉学を専攻した。しかしながら思春期のこと、自分の生き方、アイデンティティ形成が不完全な年ごろであった。

二年生の時、万学の女王であり学問の基礎である哲学に興味を持ち、友人と共に転科した。友人は西洋哲学科へ、私はインド哲学、仏教学専攻の学生になった。

その頃の東京では路面電車が走っていた。歩いた時もあったが、よくチンチン電車に乗って愛読書を神田神保町まで買いに行った。昼食を抜けば、その分文庫本が何冊か買える。そんな私は痩せたソクラテスであった。

いろいろな本をよく読んだ。生きる叡智、心の糧を求め読書をし一般教養も高めた。南京虫にも刺された。三畳ほどの下宿で暮らす唯一の楽しみが読書であった。テレビはそれほど普及しておらず、下宿にはテレビはなかった。本棚には少しずつ愛読書が増えていく。そのような東京の学生生活。

三年生になると仏教学専攻のいろは、仏教学概論、中国・日本仏教史、インド思想史等の授業が始まった。

東京出身の裕福な同級生はパリッとした背広を着て乗用車で登校してくる。高校でドイツ語等の第二外国語も学習したらしく、出席カードに名前だけ書くと、出欠の代返は友達に提出を頼み、先生が黒板に背を向け字を書き始めたところで要領よく抜け出してアルバイトに向かうその要領のよさは、さすが東京育ちと感心もした。豊かな生活を実現するのには先達の叡智を学ぶ教育道が唯一の道であると信知する苦学生、田舎育ちの私は「今に見ていろ、僕だって」と歯を食いしばった。

親鸞聖人の著作に巡りあい「おのが能を思量せよ」というお諭しに心を打たれた。人にはそれぞれ自分の持ち前がある。能力がある。その能力を育て伸ばすこと、そこに教育道があり人生の課題がある。兎と亀のお話の亀の生き方を思った。

「もしもし亀よ亀さんよ　世界のうちでお前ほど　歩みの鈍いものはない…」

「何とおっしゃる兎さん　そんならお前と駆け比べ　向こうのお山の麓まで　どちらが先に駆けつくか」

どちらが先にゴールに到着したかはご存知の通りである。亀は自分の能力を知り一歩一歩休まずにゴールを目指して努力し歩き続ける。兎は早く走れる自分の能力に溺れ油断して途中で怠け、居眠りを始める。

私は亀の生き方に感激し賛同した。目標に向かって一歩一歩前進する。能力が劣る亀の姿に能力が充分でない自分の持ち前、その人生の生き方を学んだ。私の人生は亀のマーク、一心不乱の努力にこそ成功の叡智、栄光の道があると信知して不退転位で初心を貫くこと。

それは若き日に身に着けた大切な哲学であった。努力にこそ仏教の神髄があることを悟った。

地方と東京とは経済も教育力にも格差が見られた。「今に見ていろ、僕だって」痩せたソクラテスは、教育に豊かな生活の実現を求めて研鑽努力を重ねた。

五〇年以上経って古稀も過ぎ喜びを感じられるのは、若き日に身に着けた心の糧、その哲学のおかげであると思う。

阿弥陀経に「池中蓮華・大如車輪・青色青光・黄色黄光・赤色赤光・白色白光」（大きな車輪の如きの池の中の蓮の花は、青色は青い光を放ち、黄色は黄色い光を放ち、赤色は赤い光を放ち、白色は白い光を放つ）とある。

人はそれぞれ十人十色、それぞれ異なった力量をもち、それぞれの光を放って生存している。それぞれの力量それぞれを認めることによって全てを生かす。それぞれの力量、能力に適い、当てはめ、適合し、人それぞれの力量に応じて教育をしていく。力量に応じた教化、の理解なり会得を喜ぶ。この究極の原理により教え育てる。それぞれの力量に応じてそれぞれに応じた無量のさまざまな方便「対機説法《たいきせっぽう》」によって、どんな子、どんな人であっても一切の衆生（人々）は必ず伸び救われる。

仏陀の弟子になりたいという周利槃陀伽《しゅりはんだか》は、兄より根が愚かでなかなか暗誦できず覚えられない。能力不足のため、兄は弟に対して、釈尊の弟子になることを見限って諦めるがよいと放り出した。このように無能力者を見限り、見放し、相手にしなくなるのが私たちの扱いであり、優秀な人だけを育て劣等者に救いや思いやりを示さない、教育者失格の誤った姿であろう。

釈尊は周利槃陀伽に、嘆き悲しまず自分の弟子になるがよいと一本の箒を与え「塵を払おう、垢を除こう」と毎日掃除することを教えた。

私たちは愚鈍の人、無能力者を見限ってしまいがちである。力量の差を賢愚優劣の差として取り扱い、救いの手を差し伸べることをしない。愚鈍で一偈も暗記できなかった愚路と呼ばれた劣等生、周利槃陀伽を見限るであろう。

すべての人がそれぞれの力量に応じて教え育てられていく。多くの人が自分の力量に応じて会得し理解していく。その人その人の能力、持ち前、力量があるのに、指導者が最も大切なそのことに暗い。気付いていていない。社会にあっては大切なそのことに気付かず人を見捨てるであろう。すべてがその力量に応じ生かされていくところに真の教育がある。その力量に応じて伸びていく。それぞれに力量を伸ばしていく。自分の力量に応じた理解を自覚する。

どこまでもそれぞれの力量に応じて理解を認め、それぞれの分、持ち前に応じ分に随って伸びていくことを喜ぶように指導するような教育道が求められている。親鸞聖人の著述に触れて、夢多き若き青年は今日に至る大切な人生観を学んだ。

現実の生き残り競争には差別が残存し、なかなか解消されない社会である。優・良・可と実力を評価され、能力ある優秀者の評価が大きい正説社会、愚か者や能力なき人は見放される能力主義の実力社会である。業績や成果を比較され、劣等者は自然淘汰される実力勝負の競争社会である。優・良・可それぞれの能力に応じて労働賃金や報酬が決められ、扱いにも違いがあろう。

不採算赤字部門は閉鎖される。健全経営のためには競争に勝てる能力を求められる厳しい高度な資本主義社会である。常に能力の研鑽、実力の向上が求められる生存競争社会、淘汰社会であろう。そのような社会にあっても忘れてはならない大切な弱者への思いやりの心があろう。

住職であった父は八五歳の時、突然脳内出血を起こし救急車で運ばれ、一週間ほどで不帰の客となった。命終現前、若き修業時代に身に着け暗誦していた「阿弥陀経」を口ずさみながら息を引き取った。生き方は上手でなかったが教育に理解を示し、子供の教育を大切にした父であった。楽でない家計の中からの東京遊学の仕送りは有り難かった。

母も働き西田幾太郎全集（岩波書店）の毎月の配本を買ってくれたり、子供の教育に生きがいを感じて頑張っていた。

今思うと親心、父母のおかげと有り難く思う。父母の慈悲に育てられた思いがする。

教育がゆがめられている　根本の誤謬

比較し思いはかる差別心

劣者を見限り捨てる

人生にとって一番大切なことは自分の持ち前（分）を自覚するということにあろう。人にはそれぞれその人独自の力量がある。比較という関係に於いての成立ではなく比較を許さぬものとして成立するもので、一人ひとりが独立の人格を持っているであろう。子供も一人ひとりが独立の人格をもっていて差別することなしにそれぞれが尊重されねばならぬであろう。他の人や他の児童との比較ではなく、それぞれ一人ひとりの人格をもった人、子供として尊重されねばならないであろう。

力量の差を直ちに優劣、賢愚の差として考え取り扱うのではなく、力量の差は確かにあるが比較の一面であって優劣の差と同じとは言えない。

兎と亀の山の麓までの競争の話は、目標に向けてのたゆまぬ一歩一歩の努力をし能力の劣る亀が先にゴールする感動の物語である。兎は能力はあるものの怠惰の居眠りをしてその間に亀に抜かれてしまう油断大敵の教訓を語る。

人格を基調として人は成長し伸びてゆく。力量を力量として認めることが重要で、その人の持ち前として是認されることが大切であろう。劣者として見捨てられるところに問題があろう。分別心、理性で思いを巡らし思いはかる試案によって、劣者は見捨てられ価値低き者としての差別的な扱いを受ける。優良可の評価社会。人は自己の力量を自覚し能動的、主体的に生きる必要があろう。自ら働きかける能動的な姿勢や、他の保護や干渉を受けず自分で決定して事を行う自主性、他の者によって導かれるのではなく自己の純粋な立場において行う主体的な行動が求められるであろう。その自分が認められると楽しい。生き甲斐も感ずることになろう。自己の存在が認められ、信頼され、互いに愛敬しあうところに人格も成り立つであろう。

見限られた・見捨てられた存在でなく、自分の能力、持ち前を知り、主体的に生き方を考えること。人には能力があり得手不得手もあろうが、願わくばただ一つのことに専念し、技能を磨き一芸に秀でる主体的な夢実現の人生行路が望まれるであろう。

聞思の道

仏教は「聞法」の一語に尽きる。聞法とは、仏陀の悟られた真理を聞くことである。他の利益を考えず自己の利益を中心に考える主我性を持つ生き物である私たちに、自己の独断的立場を無にして素直に聞く耳、聞く姿勢を持つ人格を求めている。

仏説と伝えられるあらゆる経典は「如是《にょぜ》我聞《がもん》」（私はこのようにお聞きしました）から始まっている。釈尊の悟られた真理を「かくの如くお聞きしました」という仏弟子としての姿勢である。釈尊の説かれた言説に導かれ、人師によりその真理に触れることができる。その意味で「聞」は仏教の根本的な立場といえるであろう。

私たち凡夫は「我見驕慢《がけんきょうまん》」に生きている。身分だけの偏った狭い見地、意見、我執にとらわれ我を張り通す。自己主張にむきになり目くじらを立てる。本来実体のない自我を実体視して執着に及ぶ我見、驕り高ぶって人を軽蔑し侮る驕慢の人生観は、はかない己が心を頼み我有りとその有我を頼りにする。

仏教は我の存在を否定する無我の教えである。人間存在や事物の根底にある永遠不変の実体的存在としての我はなく無我であると、我意のない無心、私心のない無我を仏教の根本思想の一つとして諭す。

人は欲望に誘惑、翻弄されているが、般若の智慧によって人は一切の苦悩から解脱することができる。悟りの智慧である不変にして動かざる真理、不動心を持たねばならぬであろうが、根源的真理を依り処にすべきであると、無我、縁起の法の真理の存在を諭す。無我、我見、我執のない縁起空の論理、真如の理を説く。

聞く耳を持つとき、人は真理に触れ、聞く耳を持たぬとき、自分の考えである我見のみを真実と思い込み、主張し、後へ引かない。そういう人たちは根本的に重要性を持つ真髄を聞く耳を養う必要性があろう。

「我々は」と我を張るのではなく我を無にしてよき師の教え、般若の智慧を聞く聞思の姿勢、哲学によって先達の諭す叡智、伝承の智慧が心に響き渡るであろう。

親鸞聖人は、名号のいわれ、本願のいわれを聞く仏道を我らの救済道として示す。南無阿弥陀仏の六字の名号を真理の一言と言い、仏智不思議と人智では思議できない無量光の存在を諭す。

名号のいわれを聞いて本願力の呼び声、回向によって法爾自然の法則に目覚める。生滅変化きわまりない世界にあって、不生不滅の永久不変の真如に気付く。久遠実成の弥陀、かたちもましまさぬ無上仏、仏智不思議、衆生を救わんがために「今現在説法」招喚の勅命、南無阿弥陀仏により衆生救済の手を差し伸べる。如来の回向、法爾自然に気付く。花は紅、柳は緑、自然の法則に目覚めるのである。

生老病死の人生構造、人生の行方、老病死の我らの日常も自然の法則であろう。自然の道理であり、緑あって生かされている命に感謝の生活をする。人生の悦びに満たされるとき、仏のご加護に「お陰さまで」と報恩謝徳の思いにかられ、合掌心により自然と手が合わさるのである。それは仏弟子として「如是我聞」と聞く耳を持つことによって獲得される歓喜の心であろう。聞思の道に極まる仏道の真理であろう。

恩師のお諭し

古希を過ぎると朝早くの目覚め、早朝覚醒を経験するであろう。
トイレに行きたくなって目が覚める。小学一、二年のころ、小便をしたくてトイレを探す夢を見て、やっとのことで見つけて用を足すことができたと安堵する。目を覚ますと疲れている時などは、お布団が濡れ世界地図を描いていることが時々あった。母に怒られるので語らずそのままそっと起きて、朝食を済ませて小学校へ通学をしたものであるが、老いを迎えればトイレに行きたい夢を見ていても子どものころと違い世界地図を描かず、自ずと目が覚めトイレに行けるものである。水分を補給して再びベッドに潜って寝ようとするが寝られず、日々五時ごろには一日が始まる。

そのような朝、テレビにスイッチを入れて見始めると、テレビはチャンネルも多く番組の画面に引き付けられ、ついついテレビを見続けて何もせず時を過ごしてしまうことがある。

こんな日々を続けていると大器晩成ができず、老いが進み生涯の残された時間も少なくなっていく。「時間を大切にすることが豊かな実りを人生にもたらす」いつしか大学の恩師勝又俊教先生が時間を大切にして行いたいこと、すなわち念願を成就すべきことの大切さを語っておられたことを思い出す。

老いを迎えれば生きられる時間、人生の残された時間は少なくなっていく。加齢するということはそのようなことであろう。実は若い時も希望を実現するためには朝型の人は毎日早朝のゴールデンタイムを有効に使う。「仏法は若き時にたしなめ候年寄らば行歩もかなわず」と蓮如上人は語る。ただテレビを見て呆然と一日を過ごす。現役時代と違い毎日が日曜日のように自由時間があっても何の夢もなく酔生夢死に暮らしていれば老病死と人生は進み永眠するのも自然であろう。老人はやがて人生の終焉、終着駅を迎える。そのような私たちの人生行路においては、願わくば後生に残るような大業を構想し行うべきこと、時間を大切にして行う教訓をお諭し頂いたのだなとこの歳になって思う。大学の恩師は皆、他界されめぐり合い語った時の思い出のみが教訓として我が心に残る。Activityは活動の源泉である生命のエネルギー、仏智を覚醒させる。諸行無常の人生にあって「時間を大切にすること」確かに的を射ている恩師の教訓である。古希を過ぎ限られた時間という生命の夕暮れの人間存在にあって、時を大切にして大器晩成の夢の実現に臨むことは人の生き方としても大切なことであろう。

ふと朝早く恩師のお諭しが意識に蘇りその仏智、智慧が我らの人生に躍動を与える。夢叶う、人生にはその実りが約束されている。

親鸞聖人晩年の『浄土文類聚鈔』等の著述は、老衰に至るまで自らの信仰の再確認の証として筆を執られたと思われる。論述の日々は充実した日々であったであろう。最近は文章療法等とも言われ、認知症予防のために日記等文章を書くことがよいとされるが、散漫としてまとまりのない考えが整理されて人生に充実感を与える点では効果があろう。

深層意識、阿頼耶識《あらやしき》の顕現として恩師のお諭し、仏智が今蘇るのである。

第二節　合掌の心

念珠を手に合掌することによって大切な心に目醒める

両手の指頭をまっすぐ伸ばし丁寧に手を合わす合掌は、礼拝作法の一つである。相手の人の尊さ、有難さを知って心から頭を下げる日本式のお辞儀である。

心が色々散るのを防ぎ、制して一心に手を合わせ、内心を統一する作用もあろう。少しの余念を交えず、心を他に散らしめず、ただ一心に合掌するところに自身の内心を統一させることが出来る。一向専念の姿である。

合掌の手を擦ったり、自分の頭の上へ手を上げて合掌したまま手を上げたり下げたりして拝む姿は、褒められた態度ではない。相手の者の尊さ、有難さを心から信頼する姿勢が合掌の本義であり、内心に怠慢があって相手を軽蔑した不遜な態度は仏教の始終求める核心ではない。

心の浅ましい私たち凡夫は、常に闘争し、いがみ合い相手を傷つけようとしている。愚かな凡愚である。醜い心、猛獣の如き心は懺悔によって浄化され、み仏の心と通じ一切の罪障も消え失せて円満徳号の仏の如く姿を表すことが出来る。尊く最も奥ゆかしい社会生活の姿は、この合掌の姿にありと言える。心から合掌する人は信仰心のある尊い人といえる。

仏教徒は、まず最初に合掌の心を身につけ、人々にこの初心を勧めねばならないであろう。仏道を志し辞譲謙遜の思い、へりくだる心を持ち、み仏の尊さ、有難さを知り、一向専心に合掌をする。決してこの初心を軽んじてはならず、私たちはこの初発心、初心を生涯貫かねばならぬであろう。

仏教の信仰心に目覚めた心ある人は、第一に合掌をする。それはつねに合掌を心に思って尊重する合掌恭敬の心、身命を捧げて心からまことを表す帰命合掌の心であろう。「手を合わせ南無阿弥陀仏と称える」「一心に十指を合わせ専心に自ら一如来に帰し口に南無と称す」念仏を称える時は、一心恭敬《くぎょう》（心が静かに定まった一思いの尊重）の儀を表す。道場に入る時、まさに謙虚に礼をなし十指で合掌をする。十指は十波羅蜜《ぱらみつ》（pāramitā）を表示する。「到彼岸」度《ど》（生死の迷いの海を越えて悟りの彼岸に渡ること、またそうさせること）、済度《さいど》（済…すくう、度…わたす）を意味する。

仏の教え、智慧（十波羅蜜）によって迷いの此の岸より悟りの彼の岸へ到る。生死の苦海を渡って涅槃《ねはん》の楽土に行くことを意味したもので「到彼岸《とうひがん》」「済度」という。

十波羅蜜は菩薩《ぼさつ》の十勝行ともいわれ、私たちが知る六波羅蜜（檀・戒・忍・進・禅・慧）に四波羅蜜（方・願・力・智）を加えたものである。菩薩の十大行ともいわれている。

(一)檀…檀那。布施、財物を施与する信者、施主、檀家。

(二)戒…持戒。浄戒、大乗戒、心身の過ちを防ぐための制禁、こらしめ、さとしである。

(三)忍…忍辱。もろもろの侮辱、迫害を忍受して恨まない。耐《こら》えること。

(四)進…精進。ひたすら仏道修行に励むこと。身心を清め行いを慎む・肉食せず菜食すること。一所懸命に努力すること。

(五)禅…静慮。三昧・禅定。心が統一され安定した状態。一つのことに心を専注して一心不乱に事をすること。真如（真実、あるがままの真理）の理を思惟して心に定思すること。

(六)慧…悟りの智慧。真理を認識し悟りを開く働き。仏の円満な智慧。

以上がよく知られる六波羅蜜である。

仏教信者の心得であり、悟りを求めて修行する人、大乗仏教では自利利他を求める修行者をいう。

四波羅蜜《はらみつ》は
㈦方…方便波羅蜜、方便智。衆生を化導する上の智慧を表し一切の衆生をも化益することをいう。

㈧願…間接的な手段によって智慧を導き出す願波羅蜜。常に誓願を保ち、それを実現すること。

㈨力…力波羅蜜。善行を実践する力と真偽を判別する力を養う。思択力である。

㈩智…智波羅蜜。ありのままに一切の真実を見通す智慧を養うこと。

十波羅蜜は、十菩薩、両手の十指の異名ともいわれる。

右手	左手
小指…檀、布施	小指…慧
薬指…戒	薬指…方
中指…忍	中指…願

人差指…進　　人差指…力

親指…定　　親指…智（親心）

両手の十の指頭を合わせ、み仏を拝む、合掌をする。それは仏身と合して生死苦海を渡り涅槃の岸に到ることが出来ることを表す。

合掌は供養の第一の形。そなえ、仏に供養することである。恭敬心をもって仕え世話をする。仏に礼拝することである。

三宝（仏・法・僧）に香華《こうげ》（花、薫香）を具え、飲食等を具え褒め称えて敬い、教えに従って修行をすること。讃歎供養《さんだんくよう》正行といい、もっぱら阿弥陀仏をほめたたえ物心を奉げることをいう。一般には死者の霊に身・口・意の三方法によって供物を奉げる。お供えであろう。奉仕すること、その心を供養ともいう。

供養の行法には花を供える水、お茶を供える。十種供養は、花・香・瓔珞《ようらく》・抹香《まっこう》・塗香《ずこう》（手や身体に塗る粉末の香）・焼香・繒蓋《そうがい》（強い日射を避けるため仏・菩薩の像の上にかけて覆うもの）・幢幡《どうばん》（仏堂を飾る旗）・衣服・伎楽《ぎがく》（楽人の奏する音楽）、五供養には塗香・花・焼香・飲食・燈明、四種供養は香華・合掌・礼拝・慈悲の心、三種供養には利養

（財）、恭敬（香華・幡）・行の供養などがある。追善供養、施餓鬼供養、開眼供養、経供養、鐘供養、千僧供養（会）等の仏教行事をいうこともある。

供養には仏・菩薩に供養する波羅蜜と、行ずる供養行がある。阿弥陀仏四十八願の第二十三願には「この願において浄土の菩薩が仏の神力を受けて自由に諸仏を供養しうるように」と誓っている（『大無量寿経』）。

供養主を施主といい、供養を勧め受ける主を街坊化主という。

ご飯を頂く時合掌を

三食のご飯を頂ける幸せ、ややもすると今日忘れがちな大切な感謝の心であろう。

地球上にはご飯を食べられない子どもや人々が大勢いて、先進国にいると当たり前になりがちであるが「有難うございます」と一粒のお米、食物にも感謝をし、命の糧であるおいしい食事に「頂きます」「ご馳走さま」と手を合わせる。開始終了のけじめにもなり、味わって美味しく頂ける。

忘れがちな大切な感謝の心、合掌の心である。

第三節　念珠を持つ意味

信仰心獲得の順序の第一の心得として、念珠を持つことをおすすめ致したい。

念珠は仏教徒の象徴であり、家の仏壇、寺詣りなど、仏教信者、仏教徒として礼拝する時に用いる。仏・菩薩に礼拝し、一心に称名念仏、読誦祈祷する時に用いる。

釈尊が、念珠の功徳を説き、尊重愛用せよとおすすめになってから、仏教徒は必ず念珠を持たねばならぬことになっている。仏教徒の象徴である。

念珠の種類はたくさんあるが、満数は百八珠、百八の煩悩を表示したものが根本である。百八の念珠は百八の煩悩を断破する課題を表示したもので、両方に五十四顆《か》あり、この五十四は菩薩の十信、十住、十行、十廻向、四善根、十地を表す。菩薩の初発心より成仏に至るまでの行位を明らかにしたもので、観音大悲の線をもって貫く。母珠は弥陀の仏果であり、五十四位の子玉は観音大悲の線に依って弥陀の行果に達するということを表示したものである。一に断惑証理《だんわくしょうり》（煩悩を断って涅槃の真理を悟る）して一位一位の功徳円満の成就する義であるという。

念珠は、私たちが百八の煩悩を持った存在「煩悩具足の凡夫」であることを説明している。

前世の業、前世の煩悩が原因で、あらゆる煩悩は「分別心《ふんべつしん》」に帰結する。百八煩悩の根元は分別心である。私たち凡夫の根元には分別心がある。小なる自分というものを本に小利（利己的な利益）、小愛、少欲を起こす。自分という小さな処を立場として善悪、禍福、好醜と差別を立て考える、思案をめぐらす。世間的な経験、識見等から出る考えであり、心が外界を思いはかり、理性で物事の善悪を区別してわきまえる。区別をつける私たち凡夫の判断力である。

私たちは理性を持つ。思考の応力、思慮的に行動する能力があり、人間と動物とを区別するものとされている。人間の自然的な能力、認識力である。

理性的とは、この理性に従って判断・行動するありさまをいう。この理性で考え、思案をめぐらし、物事の善悪を区別し、思想し、行動する人間の特性の分別心に苦悩の根元がある。眼前の小利少欲に満足して人生の真相を顧みず、朝な夕なに光陰矢の如くの人生を送っている。我らの現実的生活の状態である。

無明が一切の迷妄・煩悩の根元にあり無明長夜を過ごしている。無明の酒、無明の眠り、無明の闇、真理に暗い無知の暮らしをしている我らである。釈尊はそのことに気付き、入道の第一歩として生に即して死の影を観、若く華やかな姿の中に老衰敗残の惨《いた》ましい姿を観、真に人生の無常を大悟し、心から宗教的要求に目醒められた。

人生の無常、深い観常観、無常迅速の世の中で我らは日常生活を営み、生きんために働き、食事をし、眠る。死という大敵は我らの目の前にいかなる場合も構わずその毒手を下す。終には白骨という運命に遭わねばならぬ。

蓮如上人も「白骨の御文」で人生の真相、人生の無常を説き「忘れていませんか」と、人生の真相を真面目に考えねばならないと説法する。人生の無常、自己の運命を如実に知ること、悟ることにより常住不変の安心立命《あんじんりつめい》の境地に達し得られると入信の体験を語る。

ただ眼前の物質欲のみに駆り立てられて広大無辺なご本願が分からなかった。手を合わせ、本当に心の底から阿弥陀仏に合掌礼拝する気になれない。人生の無常なること、苦なること、空なること、無我なることを知り、人生の真相を悟り、人生のゆくえを大悟し、初めて合掌のできる仏の心を本当に知り心から歓喜できる人になることを諭している。

生老病死の人生、楽しい楽しいと思う間はほんのつかの間、だんだんと年を取って青年より老年に及ぶ。人生は無常である。積み上げた財産も名誉も権勢も、死ぬ時には金銀財宝も自分の身には随っていかない。死出の旅路の人生のゆくえである。俺が俺がと言っておられる時間は短く、心から人生の無常を悟ったならば、信仰の門戸をくぐり安心立命の宗教の妙処に達することが出来る。仏教入門の一大関門の大切な心である。

人間は生きられる時間が決まっている。だから時間を大切にしなければならないであろう。時間を大切にするという生き方、哲学を諭す。がんになる人も多い時代社会である。人生の終焉も近い人も少なからずあり、残された時間も少ない。余命いくばくもない、人生の終着駅の近い人も多い。

にも関わらず、平然とカラオケを楽しんでいる。抗がん剤で髪も抜け痩せた患者の姿もある。酔生夢死《すいせいむし》の人生を平然と暮らしている。今行うべき大切なことはないのか。何なのか。気付かない。

存在は無に帰す。仏骨のみ残る人生である。南無阿弥陀仏という名号の掛軸を残してもよい。人生を振り返り「自叙伝」や日記を書くのもよいであろう。財産は遺言書を書けばよいであろうが、人生経験の教訓や大切なことは文章にすることがベストと言える。人生の終焉を前に何をすべきであるか。カラオケも好きな酒もよろしい。しかし生の終焉を忘却する気の紛らわしでよいのであろうか。

確実に人生の終着駅に到着するわれら無明の人生行路である。「明信仏智《みょうしんぶっち》」といわれる「智慧」がない。不覚であり大切な目醒め、覚醒がない。ありのままの自然の道理に気付かない、無明の人生の終焉である。臨終を迎える前に生の依りどころ、ご本願を信知することが大切であろう。自然の道理、摂理に目醒めることであろう。分別心を超えて自然法《じねんほう》爾《に》、自然の法則に合掌すべきであろう。

助かる見込みのない罪業深重の輩《ともがら》であるわれらであると自覚し、煩悩に迷惑する自分に目醒めたところに絶対帰依《きえ》の深心が成立し、如来大悲《にょらいだいひ》の親様に頼る他力信心が起こる。報《ほう》恩謝徳《おんしゃとく》の心もおこり、心から感謝して喜びの生活ができるようになる。

生まれ難い人間界に生まれた。そのことにも感謝し人間に生まれたことを喜ぶ歓喜の生活ができる。真に信仰心に目醒め安心の境地を手に入れるならば、日常の生活がそのままで意義ある生活となり、天地自然よりのご恩も父母のご恩も知られる。祖先、社会の人々からの広大無辺のご恩も受けていることも分かり、有難い、勿体ないとの感謝の念が表れ、その日々が意義ある生活となる。仏恩報謝《ぶっとんほうしゃ》の思いも生まれる。

人生の無常、自然法爾の哲理を悟り、自己の運命、人生のゆくえを知って初めて入門の関門に至り、大歓喜地《だいかんぎち》に至り、報恩謝徳の生活へと向上する。業深き無慚無愧のこの身に気付き、合掌して仏を礼拝し尊き心を見出すことになる。

このように念珠を持ち合掌礼拝する心の大切さを解説している。自然法爾を悟り、分別心を捨て煩悩を度脱する智慧、大切な仏教徒の心得を諭している。

第四節　報恩の人生

恩を知る知恩

「人面獣心《にんめんじゅうしん》」という聞き慣れない日本語がある。人間顔をして心は獣《けだもの》のようにむごく情けを持たない人間のことである。人間の皮を被った獣のことである。人間の形をしてはいるが、心は獣と同じである。人の道をはずれた言動を行う者を罵っていう格言である。

人間は万物の霊長である。あらゆる生物の中にあって、人間は最も優れた生きものである。こう学んだ。現実をよく知った大人、現実論者は「人間万事金の世の中」この世の全ては金が支配する、金さえあれば全て片付くと、お金の威力を語る。

戦後日本は経済を柱に幸運な復興を成し遂げた。あの貧困生活を厭い、皆が豊かな生活を夢見た。先輩たちの汗水を流した努力もあり、経済大国へと繁栄し先進国の一員となった。戦争を放棄した平和国家としての貢献もあって、平和の中に国家は繁栄した。

戦争は、人類を最も貧困にし、繁栄を遠ざけ、生活万般の崩壊を招くが、和を大切にして国家は発展の道を歩んだ。何一つ不自由のない現代生活にあって、経済国家としての繁栄の光の影に青少年世代に及ぶいじめ・自殺・殺人事件と生命軽視の面影が映る。人面獣心という人間の皮を被った獣が街を歩き人間を食い散らす。万物の霊長とほど遠い、むごい人間の姿であろう。

親を殺す子ども

養育のご恩を忘れ、父母・祖父母に感謝するどころか、お育て頂いた親を殺害し死体を庭に埋めてしまう恩知らずの人間もいる現代社会である。

恩を仇で返す人間群、恩を感じない。恩の字不在の人間がいる。

恩を知りその報恩の心を表す。恩を知る人もいる。今日の状態は誰のお蔭であるかを心に深く考える。身近なところで恩を施してくれた祖父母、両親、師長から好意を持ってなされたことを知り、恩を受けた有難さが分かる。それが知恩であろう。

お世話になった人にありがとうと言える人、知恩報恩は大切な人間の心得であろう。

人に生まれた幸せを想う

仏教徒の基本条件に仏《ぶつ》（buddha）・法《ぽう》（dharma）・僧《そう》（samgha）の三宝に帰依《きえ》する（信仰心の誠を捧げる）三帰依《さんきえ》がある。

帰依仏、帰依法、帰依僧と唱える。ここに仏教徒となることが決定する。釈尊の僧伽《さんが》（信徒の集い）に入門する際、足元に伏し五体投地《ごたいとうち》をして三帰依文を唱え僧伽入門が許された。

人の身受け難し。仏法聞き難し。この身、今のこの世において度せずんば、いずれの生にて度すことができるであろうか。大衆もろともに至心（心を至し）に三宝に帰依したてまつるべし。

人の身、人間に生まれたことは、よほどのご縁である。人の身は受け難く、仏教には遇い難し。人の住む世間に人格を持ち社会的存在として生息し生活する人と人とのお付き合い、間柄、動物的、機械的でない人間らしい行為と感情、特に「思いやり」が人間道として必要であろう。

人の身受け難く仏法、仏の説いた教え、仏教、仏道に遇い難し。遭遇、めぐり合うことはよほどのご縁である。縁を結ぶ仏の導きによって仏法との繋がりを持つ。縁もゆかりもない人が仏の導きにより仏縁を持つ。縁なき衆生は度し難し。いかに仏でも仏縁のないものは救済しにくい。人の言を聞き入れないものは救いようがない。仏縁、仏の引き合わせを大切に、仏法聴聞《ちょうもん》の機縁にして聞法求道《もんぽうぐどう》に励む。

仏法聞き難し。念珠を持ち合掌をし仏法入門に臨む。ここに人に生まれた喜びを感知するであろう。猫や犬に生まれたならば仏法にめぐり合うことは不可能である。人間に生まれてよかった。人生の原点に感激をするであろう。

第一項「ありのままの人間」として生きること

仮面と、はからいを捨てて

仮面を被り裏表があり偽りのはからい、細工ばかりしている現代人の集まり社会は、虚偽に満ち、自分の本音で生きることを忘却させている。仮面を被り、赤裸の人間ありのままの人間性を隠し、疎外し、仮面を被ったうつろな現代人がそこにいる。

人間は仮面を取り外す必要性があろう。仮面の告白をすべきである。仮面を取り外し、自己を凝視し、人間存在を把握し、ありのままの自分を受け止めることから人間として真に生きる出発点が始まるであろう。

仮面を脱ぎ、はからい、自己防御態勢を捨てた飾りなき人間、その存在に直面したとき、人間は自己中心的な我執にかられ、仏の光、智慧を疑う罪深さを知るであろう。

色も形もなく、心も及ばず言葉も絶えた我らの言語、思慮を超えたはかり知ることのできない光に生かされて生きているわれらは、照らし尽している浄土の光を悟ることであろう。

限りない光にあふれた阿弥陀仏の浄土は無量光明土《むりょうこうみょうど》であるが、煩悩具足の救い難いわれらの面前に輝き、特に働きかけてくる。その作用的な働きの彼岸の浄土に私共が願生する。私たちは肉体の死を往生と解釈しがちであるが、不体失往生と言い、信仰心を得た獲得の瞬間に既に往生があると、浄土は現在の生、いま生きている現在の世、この世、現生において考えられ、無量寿《むりょうじゅ》は既に私を照らしている。

一念の浄信というが、一念によって往生でき「ただ信心をもって求念せしむ」。光明を母に喩え名号を父に喩え、光明名号（阿弥陀仏の光明と名号）をもって十方を摂化す（東西南北の四隅と上下を合わせあらゆる方角、場所の世の人々を救いとり教え導いて救う）。名号は十方に響して我々に呼び掛ける母として私たちを育て、はぐくんで下さる。この光明、名号の働き掛け、阿弥陀如来のお慈悲の光によって信仰心が得られる。

このような信仰の論理は、私たちが仮面を脱ぎ、ありのままの素顔な姿を見せるとき、初めて了解できる大切な事柄、心なのであろう。

第二項　戦後の日本

一九四五年十二月、ＧＨＱは、日本政府に国家神道の禁止と政教分離の実施を明示「神道指令」を発したが、神社神道はわが国固有の民俗信仰として祖先、神への尊崇を中心として明治以降敗戦まで政府の大きな保護を受けていた。

日本の歴史を鑑みると、明治初年一八六八年「神仏分離令」が出され、仏法を廃し釈尊の教えを棄却する「廃仏毀釈《はいぶつきしゃく》」が行われた。神社と仏寺との間に争いが起こり、更に寺院、仏具、経文等の破壊運動が起こった。

神の国、神ながらの国、神道を高揚する国学者たちの政治関与が背景にある。この神道信奉により日清・日露・第二次世界大戦、戦争国家、広島長崎原爆投下の道を進むことになる。

一八九四（明治二十七～二十八）年、わが国は清国との間に日清戦争を行った。朝鮮の甲午農民戦争（東学党の乱）に清国が出兵したのに対し、わが国も居留民保護等を名目に出兵、九四年七月、豊島沖海戦となり同八月一日宣戦、わが国は平壌、大連等で勝利し、翌九五年四月講和条約を締結した。

一九〇四~五年、日露戦争が起きる。わが国は帝政ロシアと満州・朝鮮の制覇を争った戦いである。

一九〇四年二月、国交断絶以来同年八月以降旅順攻囲、〇五年三月奉天大会戦、同年五月日本海海戦等で日本の勝利を経て〇五年、アメリカルーズヴェルトの斡旋によりポーツマスにおいて講和条約が成立した。

第二次世界大戦は後進資本主義国である日・独・伊の三国と米・英・仏・ソ連等の連合国との間に起こった全世界規模の大戦争であった。一九四一年十二月、日本の対米宣戦で太平洋戦争が起こり、戦域は全世界に拡大した。

イタリアの降伏、ドイツの降伏、原爆投下とソ連の参戦による日本の降伏となって戦争は終了した。戦後七十年を経過、日本は見事な戦後復興を遂げた。

戦争の悲惨さを経験し、大勢の戦死者を出し英霊をまつる靖国神社には今も中国・韓国の干渉に配慮しつつ国会議員の参拝が繰り返されている。

戦争はもうこりごりである。日本は、戦後七十年平和国家として焼野原から豊かな国家をめざして復興を遂げ、国際貢献もして国際的な信頼を回復しつつある。

明治の廃仏毀釈、神の国としての日清・日露・第二次世界大戦の道は、日本史における国家の誤謬であったと反省を迫られるであろう。

繁栄の根本、平和の大切さは申すまでもない大切な思想であることを知る必要がある。日本の歴史にはもう一つ政策の失敗があろう。福島原発を始めとした原子力発電政策である。三・一一東日本大震災の原発被害もまだ終焉に至っていない。日本列島各地にある原子力発電所の廃炉には建設同等くらい多大な廃炉予算を必要としている。四十年を超えた古い原発もある。

北朝鮮やテロの標的にもなりかねない。エネルギー政策は思い切った太陽光発電、風力発電等の自然エネルギーへの政策転換が求められている。危険の伴う原子力発電所は、廃仏毀釈や戦争と共に国の三大失策であったと言えるのではなかろうか。

さて、私たち人間はどんな生き物、生活者なのか。

人間は心身一如、即ち心と体、精神と身体を持つ。魂、心には根気・気力・知性的・理性的・能動的・目的意識を持った心の働きがあり、人間には精神力がある。

身体は体である。心身はただ一つである。一元論は事物の根源が唯一不二であるという。人間の心身は五蘊《ごうん》（五つの集まり）が仮に和合して成り立っており、実体として我がない。五蘊皆空《ごうんかいくう》とブッダは諭す。

色《しき》（物質）・受《じゅ》（印象、感覚）・想《そう》（知覚、表象）・行《ぎょう》（意志等の心作用）・識《しき》（心）の五つから構成されているという。

認識、即ち知る作用である識（心）は、見分け知ること、対象を識別する感覚器官、心の働きである。

意志動作、言動の働き、心身の活動行為、人間のなす行為、心身の活動は後に何等かの報いを招くという。

身《しん》・口《く》・意《い》の三業の働きがある。善心による善業、悪心による悪業、善悪いずれでもない無記《むき》の三業に人間の行いを分けることもある。

前世に行った善悪の行為の影響もある。前世の善悪の行為によって現世において受ける応報《おうほう》がある。慰安婦問題等、戦争の傷跡は今日も問題として尾を引いている。善悪の果をもたらす業因である。善悪の業行為によって生ずる種子が今世に苦楽の果報を招く。単に行為を言うが、因果の関係を結合して前々から存続して働く一種の力、即ち一つの行為は必ず善悪・苦楽の果報をもたらす。それが自業自得《じごうじとく》の業行為である。

身業（身体の一切の動作）、口業（言葉による善悪の行為）、意業（心にこうしようと思う）三業、個人の行い、社会的な広がりをもつ業《ごう》（行為）等もあろう。

業の問題は、善い行いも、よくない行為も結果をもたらすということである。

二十一世紀の今日、人間の住む現実社会にはどのような人間、生き物が生存しているのであろうか。興味深い。

人間には考え方、思想、人格、人柄があろう。生活者としての現代人を分析すると、ブッダの「五性各別説《ごしょうかくべつせつ》」に思い至る。

仏教語五性は人間の能力、素質に基づく五つの分類を意味する。

人々には先天的に具えている五種の素質があるという。

一、菩薩《ぼさつ》Boodhisattvaになるはずの者

道心をおこしさとりを求めて修行する人。仏の智慧を得てさとりを求める大乗の修

行者、自ら仏道を求め人々を救済教化しようとする人、発心して仏道を行ずる者である。

二、縁覚《えんがく》　独善的なさとりを開く人。師をもたない

三、声聞《しょうもん》　上座部仏教の修行者になるはずの者

四、そのいずれとも定まっておらぬ不定性の人

五、絶対に救われない者、無種性の人

である。前述の一～三は仏果を得ることの定まった決定性の人で仏教信仰に生きる篤信者と言える。四はそれが決まっていない者、或る意味でどうでもいいと人生を考えている人ともいえる。生きる意味も考えていない。五は永遠に迷界に沈んで苦から免れることがない者である。

人間の素質にはそれぞれ理解能力があると指摘する。

聞き慣れた大乗仏教のmahāyāna大乗の二文字は自利（自分の利益）よりも広く衆生（人々）を救済するための利他行・他利を実践し、それによって仏になることを主張する点に特徴があり、大きな乗り物を意味する。

自分一人のさとりではなく多くの人々を救う巨大な乗り物を意味する大乗仏教であり、菩薩《ぼさつ》bodhisattvaすなわち「さとりを求める者」として修行者は、全て仏になりうると大乗菩薩道を高揚した。

この大乗仏教は中国、朝鮮、日本、チベット、蒙古、ベトナム等に伝えられそれぞれ独自の発展を遂げるが、日本の仏教は「大乗仏教至極の教え」として大乗仏教の極み、頂点に達した。この上のない最上の教え、道理として開花をし、いわゆる日本は仏教の歴史伝統文化を持つ仏教国であり、ふる里の町や村には数多の仏教寺院が存在し法城が護られている。宝物をもつ仏教の国である。

このような歴史的伝統を日本人は忘れ、目の先の現象に大切なことを忘却しているように映る。

このような仏教の伝統や思想の存在の認識が望まれている。

九品《くほん》という仏教語を御存知であろうか。

人間の種類を九品に分類する。極楽往生する者の能力や性質の差を九種に分け、上中下の三つをさらに上中下に三分し、九つの階位にて九品往生と人間の種類を類別する。往生を希求する者に九種の差異があるという。上品《じょうぼん》は上品《じょうひん》、下品《げぼん》は下品《げひん》等と人々によく知られているであろう。

人間を三種に分けた三聚《さんじゅ》もある。

a、正定聚《しょうじょうじゅ》…仏果を得ると定まった人たち。往生が定まって必ず悟りを開くことができる、真実信心を得た信心深い人たちである。

b、不定聚《ふじょうじゅ》…極楽往生が決まらない。その思いが不安定である。五性の格別の不定性、不定種性の人たちである。

c、邪定聚《じゃじょうじゅ》…よこしまな誤った観想、思想の人。

阿弥陀仏の本願によらないで自力の善根をたのむ人たちもいる。このような人たちは阿弥陀仏の第十九願の方便要門《ほうべんようもん》にとどまる人とおさえた。

親鸞聖人は「安楽国ねがふひと、正定聚にこそ住すなれ邪定不定聚くにになし諸仏讃嘆したまへり」(『浄土和讃』)と正定聚位に人々がつくことを願った。

道徳的な徳目や修行上の規範

規範を守ろうとする戒、内心より自発的に守ろうとして誓う律の問題があった。厳しい戒律である。在家の信者にも五戒（五つの戒律）を守ることを諭した。

五戒とは在家のための五種の戒律である。

一、不殺生《ふせっしょう》、殺人や傷害、むやみに生き物の命を殺す者がいる。殺したり人をして殺させたりせず、いじめ、殺人、暴力、家庭内暴力もあるが、生命を愛護し育成すること。生き物を殺すなかれ。命尊しの思想を身につけること。

二、不偸盗《ふちゅうとう》、偸盗のある人間社会である。盗みスーパー等の商品の盗み車を盗む人、お金を盗むお賽銭を盗む泥棒がいる。盗みをせぬこと。盗むなかれと諭す。

三、不邪淫《ふじゃいん》、道にはずれた性的行為をしてはならないと諭す。

四、不妄語《ふもうご》である。妄語は、うそを言うこと。偽りである。うそを言わないこと。うそを言う人がいるが積極的に正しい考えや言葉をみずからも言い、他にも言わしめること。うそを言わないこと。うそを言うことなかれ。

五、不綺語《ふきご》、ふざけた言葉を言うなかれ

六、不悪口《ふあっく》、悪口を言うなかれ

不説過戒《ふせつかかい》、他人の過失をいいふらさないこと。他人が自分に対して悪口をいい、そしる人があってもこれを耐え忍び、慈悲の心を起こして相手を正しい方向に導く

七、不両舌《ふりょうぜつ》、仲たがいをするようなことを言うなかれ。二枚舌である。

八、不貪欲《ふとんよく》、貪るなかれ

九、不瞋恚《ふしんに》、怒るなかれ

梵網戒は第九不瞋恚、怒るなとし怒ることをいましめる。相手があやまっても聞き入れないことをいましめた。

十、不邪見《ふじゃけん》、人間の生存についてよこしまな見解、思想をいだくなかれである。

奉仏派と排仏派の戦い

六世紀後半、大和朝廷では物部氏と蘇我氏の勢力の勢力争いが熾烈になっていた。仏教導入の是非の議論である。

蘇我氏は五八七年穴穂部皇子《あなほべのみこ》の反乱、物部氏と蘇我氏の全面戦争で穴穂部皇子を暗殺する。戦いは物部守屋が戦死し、五八七年、排仏派の物部氏は滅亡する。

奉仏派についた聖徳太子は戦後四天王寺を建てる。

聖徳太子の内政は、冠位十二階の制定と十七条憲法の発布（六〇四年）であった。

第一条「和を以て貴しとなす」

第二条「篤く三法を敬え」

第十条「(人は共に) 是れ凡夫」

仏教用語そのままに、仏教思想により日本の精神的支柱を明確に示した。

大乗経典三経義疏《ぎしょう》「勝鬘経《しょうまんぎょう》義疏」「維摩経《ゆいまきょう》義疏」「法華経《ほけきょう》義疏」を宣布し、父、用明帝のために法隆寺を創建したといわれる。

重要なことは、奉仏派と排仏派の戦いがあり仏教導入、奉仏派が勝利し聖徳太子の仏教導入が、日本の夜明けとなったという歴史的事実である。

この奉仏派と排仏派の思想潮流がその後も現代社会に至るまで二大潮流として人間の生き方や心得に影響を与えていると思われる点である。

五性各別説や人間の種類を九種に分けた九品、三聚、五戒、十戒の仏教の人間観は、この世に生きる人間現代人の姿を明確に示していると思われる。

㈠仏教信仰に生きる篤信の人、法城を護る人々。妙好人。
㈡仏教弾圧に生きた邪見、無信仰者、排仏派の人たち
㈢どうなろうとよいと考える無関心な人たち。生きる意味の探究もなく酔生夢死の人生を送っている人たち。

重罪として五逆罪、五種の重罪もある
㈠母を殺すこと　㈡父を殺すこと　㈢聖者阿羅漢（修行僧）を殺すこと　㈣仏の身体（仏像）を傷つけること　㈤僧団の和合をこわす、和合一致を破壊、分裂させること
無間《むげん》地獄《じごく》に落ちる人間の犯す最も重い罪である。大乗を誹謗した者が堕ちる無救、救いの無い行為、苦しみを受けることが無間、絶え間ない極苦の地獄図である。五逆の悪を作った者は、次の生に無間に末代まで地獄の果を受けるという恐ろしい人間の行為・罪である。

これらの無信仰、排仏派の心無い人たちは一闡提icchantikaといわれる。仏法を信じないため悟りに至らない成仏する因縁を欠いた者、断善根、信不具足の人たちのことである。五逆罪、一闡提の無信仰の人たちが現代社会にも存在し、業（行為）を積んでいるのであ

る。

索漠とした現代社会にこの潮流、種が依然として存在していることに実に驚天動地する。このような無信仰者のはびこりは、豊かな経済大国の影に存在する思想・行為であろう。物質偏重の心不在社会の嘆かわしい、止揚《しよう》できない流れとなっているといえるだろう。

この流れが社会の中で拡大し拡がりを見せる思潮となり、人間疎外の末世の姿が迫り来る。

恩義を忘れた経済一辺倒の「経済動物」と評されかねない大切なものを忘却した人間群が身近なところで多々見られる二十一世紀人間社会となりつつあると思えるがいかがであろうか。

第三項　孫子の代まで豊かな心の相続を

人間の生命《いのち》、この世に生きられる時間は、きっと定まっているのであろう。しかしながら本人には予測ができず知る事ができない。

釈尊のお言葉、「諸行無常《しょぎょうむじょう》　生者必滅《しょうじゃひつめつ》」は生身の身である存在の真理を語っている。

子供、孫の存在は一家の繁栄にとって家宝であり、孫は子より可愛いと言われる。その孫たちが相続すべき大切な心を忘れてしまったら、一家の繁栄は失われ衰退以外の何物があろうか。

祖父母、父母お世話になった方への感謝報恩「ありがとう」という感謝の思いが大切で、恩知らずでは「人面獣心《じんめんじゅうしん》」（人間顔、心はけものと同じ）「狼に衣」（狼が衣を着た狼藉の人間）が街を歩き回ることになろう。

心身一如、身体と精神不二の存在が人間に違いないが、信仰深い仏を大切にする篤信の人も大勢いらっしゃるが、人にはそれぞれ素質やその人の器、仏縁、宿縁がある。心不在の唯物論者も確かにいる。

因果の教え、悟りへの道を否定したり、仏事法要や菩提を弔うことを嘲笑したり大乗仏教の教えを冷笑、誹謗中傷《ひぼうちゅうしょう》する人もいる現代社会であろう。「仏縁なき衆生は救い難い」と釈尊も歎いておられる。

医王ブッダの救済道は「応病与薬《おうびょうよやく》」（世の人の心の病気に応じて教えを説く仏、医王の救済）「対機説法《たいきせっぽう》」（教えを相手の性質・能力に応じて理解のいくよう説き聞かせる）といわれる。

ブッダはすぐれた医者、大医王（医者の中の王）名医ともいわれ「応病与薬」病気の種類の軽重などに応じて教えを説く治療法である。

人々の「心の病」をいやす為、法の薬を与える。人々の精神的素質に従って法を説くのを医師が病に適応した薬を与えることに喩え「応病与薬」と言った。

教えを相手の性質能力に応じて理解のいくように説き聞かせる為「対機説法」ともいわれている。

ブッダを医者の王と呼ぶことは古くから行われた。教えを受ける人間の素質、性向、要求に対して個々別々に法を説くことを喩えた語であろう。

治療すべき病とは何か。

癌とか心筋梗塞ではなく人間の種々の迷い、道を失ってさまよう漂流する人間である。決断がにぶく心がふらつく。途方にくれる。悟り得ない妄執、とりわけ貪り（欲深く物をほしがる。際限なく欲しがる）、怒り（腹立ち）等人間の存在、そのありのままの姿を病と称した。

無明《むみょう》（真理に暗い、無知）煩悩（人々の心身をわずらわし、悩ませる一切の妄念）こそは心の病である。

無明とは、存在の根底にある根本的な無知であり、真理に暗い最も根源的な煩悩である。

煩悩は心身を悩ます一切の精神作用である。

貪瞋痴《とんじんち》の三毒の煩悩である。

色欲は、断ち難い煩悩である。

われらは、「煩悩具足の凡夫」であり、煩悩を心身に具えている。煩悩とその煩悩による行為は、悟りの障碍となるといわれている。

惛沈《こんじん》、心がめいってふさぎこむ。沈みこんで働きも鈍感になり怠惰、頑迷にさせる精神作用も煩悩である。

現代の精神医学で言う「心が風邪をひいた状態」、そううつ病、統合失調症等であろう。

仏教は、智慧の宗教である。般若の智慧によってのみ転迷開悟《てんめいかいご》という仏教の目的が実現できると言う。

無明を根底から絶滅する究極的な知恵を獲得し解脱《げだつ》しようとする。

インドでは五つに学問を区別し五明処というが、明とは物事を明らかにする意味である。

おのおのその理由を究明し証明するので明というが、智の別名である。

一、声明　文法学

二、工巧明《くぎょうみょう》　技術・工芸　技芸学

三、医方明《いほうみょう》　医学、薬学

四、因明　論理学

五、内明　仏教学、自己の宗教の趣旨を明らかにする学問であり仏教の学問である。

インド古代では、五明処《ごみょうしょ》を学問の総称としていた。

三、医方明　医学であるが釈尊の時代耆婆《ぎば》Jīvaka（ジーヴァカ）という名医がいて釈尊及び仏弟子もその治療を受けた。

死んだ妊婦の腹をさいて胎児を救った名医として伝えられているが、ジーヴァカは外科医であった。

五明処を理解せずには、聖者の上位にある菩薩は一切智者たりえない。煩悩を断ち作すべきことと作すべからざることとを知って他の人々に説明する為内明（仏教学）が必要であり、その為、自ら仏道の奥義を究めて他の人々に説示する必要があった。論理学と文法学を勤修することはそれを心得て増上慢する人を折伏する為であり正しい思考法、言語法を知らしめる必要があった。

医学（衛生）と技芸学は専ら他の人の利益の為であった。

医王であるブッダでさえ「救い難い難治の機、済度し難い素質の人々の存在」を語っている。治療し難い三種の病、難治大病の人間存在である。

一、謗大乗《ぼうだいじょう》　大乗仏教をそしる者

二、五逆罪《ごぎゃくざい》　五種の最も重い罪悪。母を殺すこと。父を殺すこと。阿羅漢《あらかん》を殺すこと。

僧の和合を破ること。仏身を傷つけること。

三の一闡提《いちせんだい》は、仏法を信じない成仏する因縁を欠いた者、断善根《だんぜんこん》、信不具足《しんふぐそく》と訳すが、衆生には性質が手ごわく教化しがたい三種のよくない素質の人々がいて、無間地獄に堕ちるであろう無間業を語る。

自己の解脱をめざすのでもなく、他者の救済を目標とする大乗の教法を誹謗中傷する質のよくない「救い難い人間」群である。心無い断善根の人は、本人がながく成仏することができぬばかりか、家族全体に代々無信仰が波及し「無間地獄」に堕ちるという。

闡提《せんだい》icchantikaともいわれ、出離生死、度脱を求めない人たちのことである。

断善根の人は、先天的に仏になる可能性をもたない。何とも教化されえない者である。いかに修行しても到底さとりえない。善根を断じて真理の存在そのものを否定する信なき者は、因果の理法を撥無《はつむ》する邪見《じゃけん》、間違った考え、思想の為、悟ることができない。

大乗仏教の救済思想を信ぜぬ誹謗《ひぼう》の人、仏の正法、仏の教え、仏教の理法、正しい真理をそしる。中傷する。このような人は正法の器の人でなく、正しい法を知ることのできる才能をもっていない臍曲《へそ》がりの人たちである。

そのような心無い人が、この世になぜかはびこる傾向があるとしたら、歎きても尚歎き足りない恐ろしい社会現象であろう。自覚すらない状態であろう。

弥陀《みだ》一仏《いちぶつ》を信知し、念仏を称える信仰深い念仏者は妙好人《みょうこうにん》としてほめ讃えられる。如是《にょぜ》我聞《がもん》（私はこのようにお聞きしました）と聞く耳をもつであろう。

どうか経済大国、国家繁栄の光と影、大切なものを忘れず、大切な心の相続を子々孫々まで忘れないでほしいと願っている。

事は一代では終わらない。末長い後世を知る智者であってほしい。

阿弥陀如来《あみだにょらい》、無量光仏《むりょうこうぶつ》は私たちの願いを叶え照護して下さる。

私たちは煩悩具足の凡夫であり、般若《はんにゃ》、さとりの智慧に目醒めておらず、悟りの可能性、仏性《ぶっしょう》ももたぬ愚かな者である。その救われ難い凡夫のわれらの救済は、阿弥陀仏の摂取不《せっしゅふ》捨《しゃ》の御慈悲により可能であり、仏性をもたない救われ難い人間である私たちは、弥陀の廻向、阿弥陀仏の光のお導きによって主体性、即ち信仰心に目覚めるであろう。

無量寿仏の本願力廻向《ほんがんりきえこう》、誓願《せいがん》にうながされ、そこに信仰心をもち主体性に目ざめ、知・

情・意をもつわれらが存在する。

行動の中心になるものをもつ自発的な能動性、つまり人間の自主的・能動的な態度、主体性は、機熟して大切な本願、弥陀の御勧化《ごかんけ》により本来の誓願に気づくであろう。「遠く宿縁《しゅくえん》を歓べ」、信仰心を得て、この世で極楽の幸せを存命中に感じられる妙好人の歓喜の人生もある。

子供は親の背中を見て学び育つというが、自ら仏崇敬《ぶつすうけい》の心をもち、合掌の姿勢をもって生きること。大切なことを忘れぬようにして頂きたい。

子供や孫の世代まで大切な悟りの智慧を継承する、後世を願う仏を大切にする家庭にこそ、幸多き繁栄の道があろう。

大切なものが忘れられがちな現代社会である。

いのち程大切なものはない。大切なその生命への畏敬《いけい》、このこともしっかり心に自覚して、子々孫々、叡智が継承されることを願うのは私一人であろうか。

結びに

生老病死の人生構造をもつ私たちは老い、病み、死に至る人生行路を進むであろう。いつまでも元気で活躍できたらと健康長寿を皆が願う。

しかしながら人にはそれぞれ天寿がある。生きられる時間は決められているであろう。いつまで生きられるか。予測できない。

高齢になれば人生のゆくえも予知できるため、生前に寺に法名（戒名）授与を申し込み室内納骨堂、お墓の準備をする人もいる。死は免れ得ないという宗教的覚悟、自覚に基づく旅立ちの準備である。

人生一番の課題は後継者育成の問題であろう。希望するが子どもに恵まれぬ人―。子どもがいても親の意に添わぬ後継者にふさわしくない、後をまかすことができぬ博打好きな子どもであったり、宛にできない家庭もあろう。

有限の人生行路にあって後継者は大切な問題である。生涯独身を貫く禅僧は、寺を弟子に法脈相続・継承させることも多々ある。血脈相続として子・孫に継承させた例も多くある。

今何をすべきか

寿命に限界がある私たちは年をとるまでに、心ある後継者を育てねばなるまい。さもなくば相続者不在のまま一代で終焉してしまう状況にある。

在家信者も寺も例外ではないであろう。檀信徒の家庭も祖父母・父母の時代は心ある仏教信者であったが、後継者は仏とも法とも思わぬ無信仰者であったり、大切な心が相続されていない場合も多い。その場合、以心伝心、心の相続は不在で心無き家庭を形成することもある。大切なものが忘れられ唯物思想の家庭も誕生する。

このような精神的伝統を喪失せぬためには仏壇のある家庭生活が大切であろう。心ある後継者の育成は教育でもあるが育てる情熱、本質的な深い人間愛が必要であろう。大切な心ある後継者の育成を願わずにはおられない現今である。

著者略歴

宇野　弘之（うの　ひろゆき）

1944 年、愛知県生まれ。宗教哲学者。1969 年、東洋大学大学院文学研究科修士課程修了、1972 年、同大学院博士課程でインド学仏教学を専攻研鑽。

【宗教法人】浄土真宗　霊鷲山　千葉阿弥陀寺住職　千葉市中央区千葉寺町 33 番地

主な著書

『大無量寿経講義』『阿弥陀経講義』『観無量寿経講義』『正信念仏偈講義』『十住毘婆沙論易行品講義』（山喜房佛書林）、『孫・子に贈る親鸞聖人の教え』（中外日報社発行、法藏館発売）、『蓮如　北陸伝道の真実』『蓮如の福祉思想』『蓮如の生き方に学ぶ』（北國新聞社）、『「心の病」発病メカニズムと治療法の研究』『親鸞聖人の救済道』『晩年の親鸞聖人』『無宗教亡国論』『恵信尼公の語る親鸞聖人』『ストップ・ザ・少子化』（国書刊行会）

マハーヤーナスクール講義録
釈尊に聞く　仏教の真髄

平成 29 年 7 月 20 日　初版発行

著　者　宇　野　弘　之
発行者　浅　地　康　平
印刷者　小　林　裕　生

発行所　株式会社　山　喜　房　佛　書　林
〒 113-0033　東京都文京区本郷 5-28-5
電話 03-3811-5361　FAX 03-3815-5554

ISBN978-4-7963-0511-2　C1015